【創作メニュー作り方読本】

おうちで居酒屋

うまいもの祭り

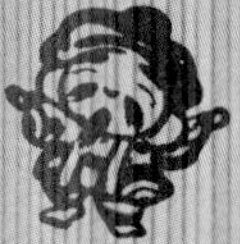

池田書店

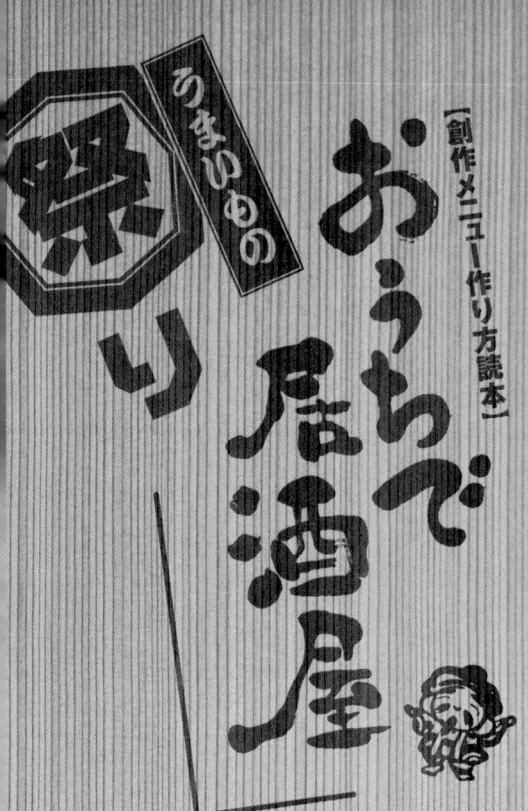

目次

天下一品! かにづくし祭り 6

かにをさばく!

特選酒肴のレシピ集 27

うまみたっぷり! 海老づくし祭り

新鮮素材のさばきと下処理

肴にぴったり！ 貝づくし祭り

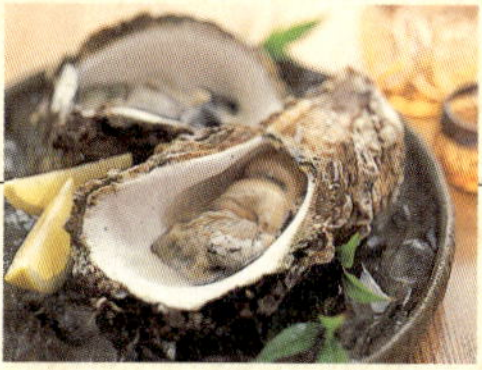

旬がうまい！ 季節の野菜祭り

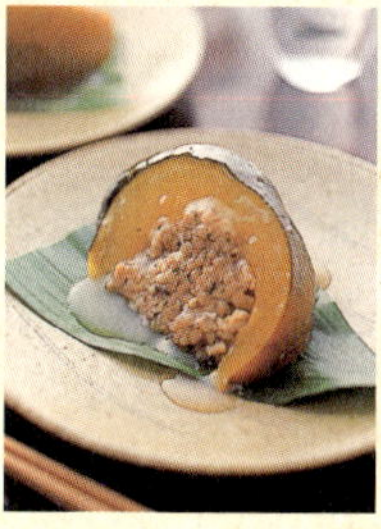

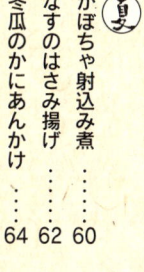

旬を食らう!

カツオ一本釣り祭り

肴の王道!

地鶏祭り

あたたかうまい!

豆富祭り

身も心もホッカホカ!

鍋物祭り

本日の特選コースメニュー　

各項目より、お好きなメニューを一品ずつお選びください

●本書で使用している計量の単位は、１カップ=200cc　大さじ１=15cc　小さじ１=5cc。とくに断りのない場合「醤油」とは「濃口醤油」のこと。「だし汁」とはとくに断りのない場合「昆布とかつお節の一番だし」のことですが、もちろん市販の「だしの素」を使ってもOK。
●本書で紹介した器類の価格は2002年９月現在のもの。価格およびデータ関係は変更になる場合があります。

天下一品！
かにづくし祭り

冬場ともなれば、ぜひ味わいたい
甘く旨みたっぷり「絶品がに」の数々。
茹でてよし、焼いてよし、もちろん生も最高！

冬の味覚の王者を丸ごといただく

後ろの膳の上・織部波彫半月皿
3800円(大文字)、金線グラス
2500円(荒木桜子 作)

かに豆知識

ひと口に「かに」といっても、その種類や産地はさまざま。ここでは、日本で最もポピュラーな「かに」4種について解説します。

タラバガニ

旬は冬で、日本海、オホーツク海、アラスカ沿岸などに産する。大きいものは足を伸ばすと1m以上になるものも。身も多く、かに独特の旨みがあり、茹でがにや焼きがになど、加熱する料理に向く。かに味噌は、一般に食べない。冷凍物も多く出回っており、調理する場合は自然解凍してから使うこと。

毛ガニ

旬は冬。北はアラスカから南は朝鮮に至るまでの寒海流域に住む。体全体に羽毛状の突起が密集しているのが特徴。熱を加えたほうが旨みが増すので、茹でがにや鍋物などに最適。そのほか甲羅蒸しや酢の物、揚げ物などにも。特に、かに味噌はたいへん美味。

ズワイガニ

北陸では「越前がに」、山陰では「松葉がに」と呼ばれ、冬の味覚の代表として有名。丸い甲羅には多数の突起がある。雌は雄の半分ぐらいの大きさで、コウバコ、セイコガニと呼び、特に卵巣を賞味する。茹でがにや鍋物、天ぷらのほか、刺身で食べてもおいしい。もちろん、かに味噌も美味。

ワタリガニ

ガザミとも呼ばれ、旬は１～４月。津軽海峡から南九州に至る内湾、内海に住む。甲羅はひし形で、大きなはさみ１対、細い足３対、平たい足が1対ある。季節を問わず手に入れやすく、値段も手ごろなので、煮物や炒め物など幅広い料理に使える。かに味噌もたいへん美味。

タラバガニのさばき方

旬は冬。ゴツゴツとした鋭い突起があり、殻も固いので、キッチンバサミと包丁を併用して、安全にさばきましょう！

①

鍋で茹でたら（16頁）、足のつけ根から1本ずつ包丁で切り込む。

②

全ての足を切り落とす。

③

腹側の三角形の前かけ（ふんどし）のつけ根を切る。

④

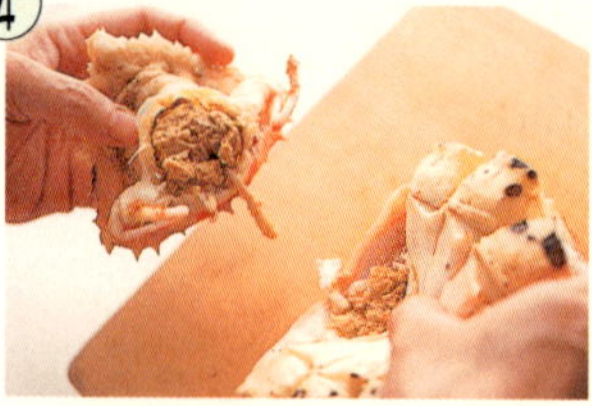

そのまま前かけを取る。

⑤

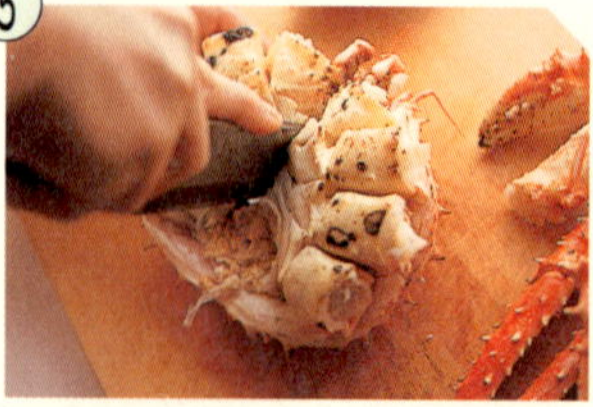

腹側から縦半分に切る。

⑥

甲羅をはずし、かに味噌は取り出しておく。

⑦
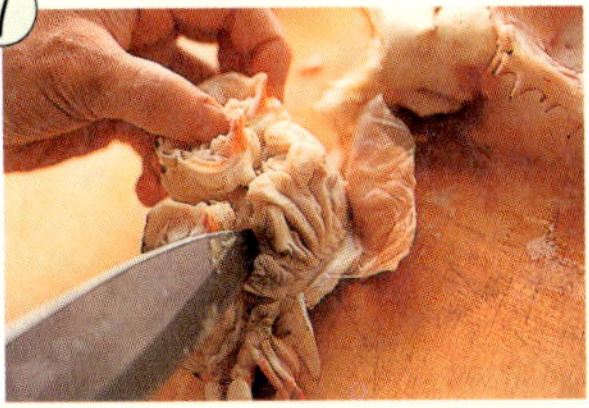
ガニと呼ばれる灰色のエラをきれいに取り除く。

⑧
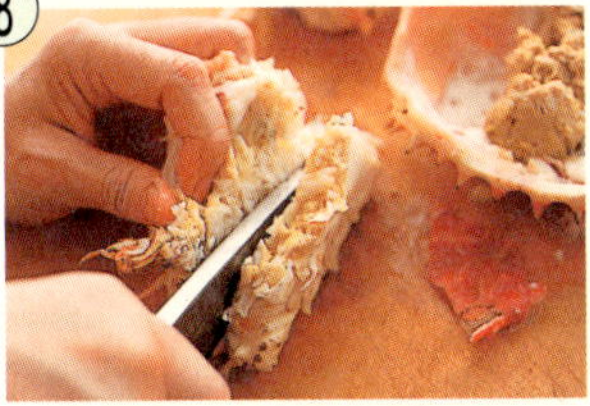
半分に切った身をさらに縦にして半分に切る。

⑨

切って開いたところ。身がいっぱいつまっている。

⑩
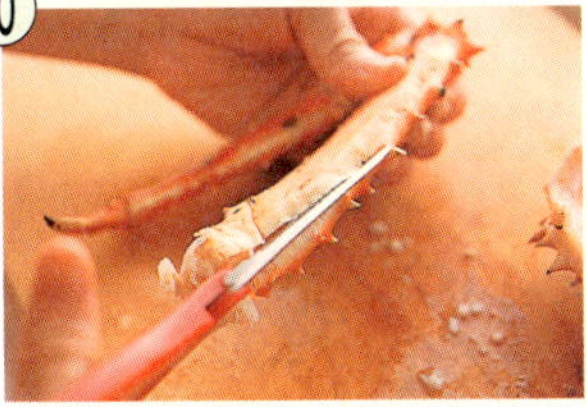
足は裏の白くやわらかい部分からキッチンバサミを入れる。

⑪

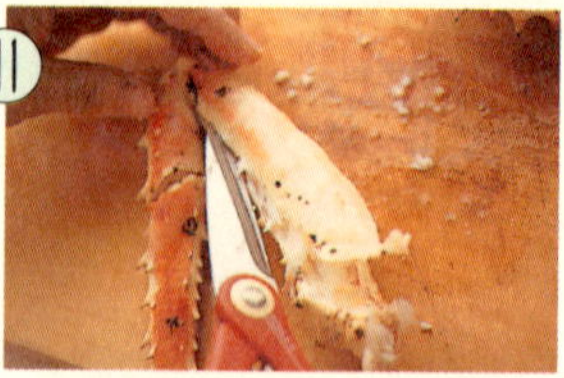

反対側からも平行に切っておく。

⑫

殻を取り除き、食べやすいように開ける。

⑬

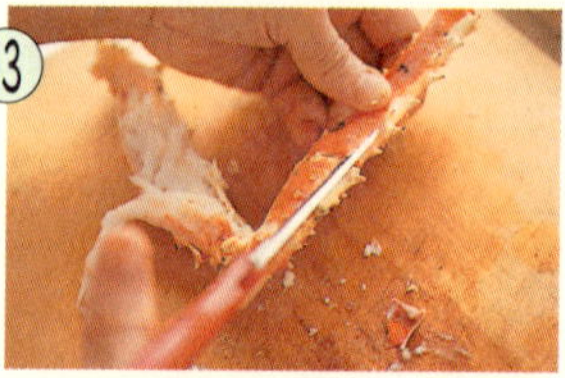

間接から先の部分にもハサミを入れ、同様に切る。

⑭

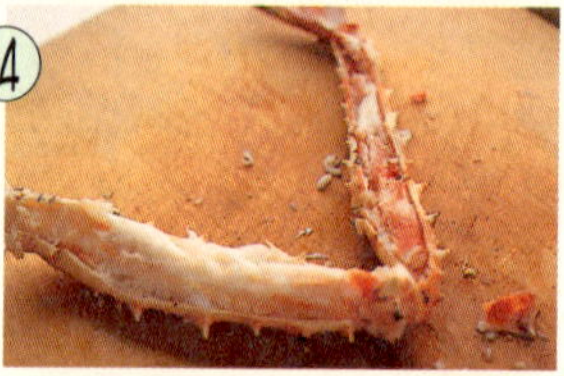

身を取り出しやすいよう殻を切って開いたところ。

⑮

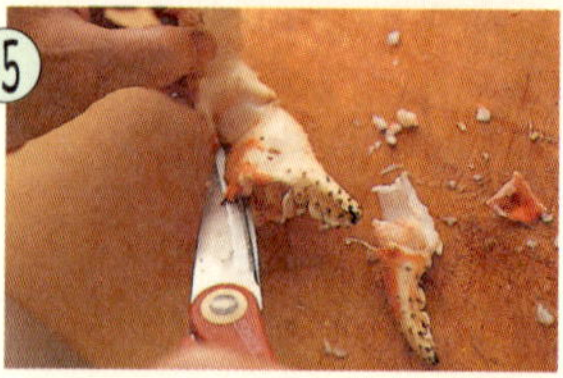

かにのはさみは片方を手で折り、同様に殻を切る。

⑯

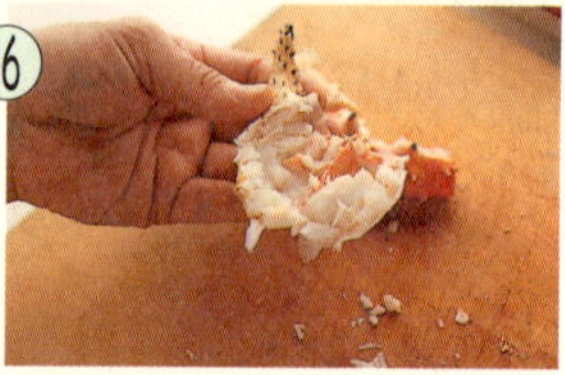

身を取り出しやすいよう開く。

ズワイガニのさばき方

冬の味覚の代表格。キッチンバサミを上手に使ってさばいていきましょう！
基本的にはタラバの場合と同じやり方でOK。

1　茹でたら(16頁)、キッチンバサミで足をつけ根から切り落とす。
2　三角形の前かけ(ふんどし)を取る。
3　隙間に親指を入れて、甲羅をはがす。
4　甲羅と胴を分けたところ。
5　ガニを取り除く。
6　胴を縦半分に切る。
7　さらに切り開いたところ。
8　殻のやわらかい部分からハサミを入れる。
9　反対側からも同様に切って開く。
10　はさみも同様に切って開く。

毛ガニのさばき方

冬が旬で、胴にも足にも、身がぎっしり！
固い部分は、包丁を駆使してさばきましょう。

①

茹でたら（16頁）、足はつけ根から1本ずつ包丁で切る。

②

足を切り分けたところ。

③
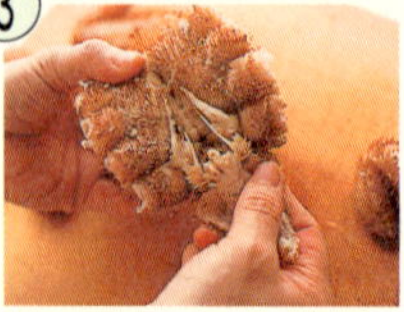
腹側の三角形の前かけ（ふんどし）を取る。

④
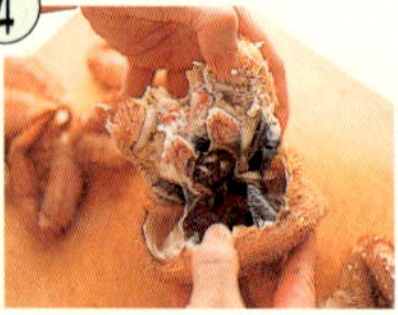
隙間に親指を入れて、甲羅をはがす。

⑤
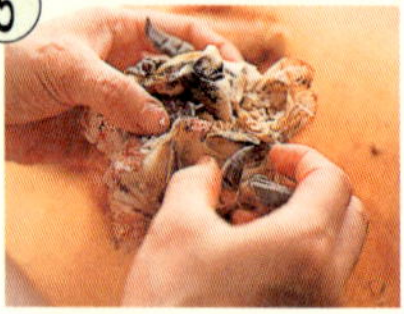
ガニと呼ばれる灰色のエラを取り除く。

⑥
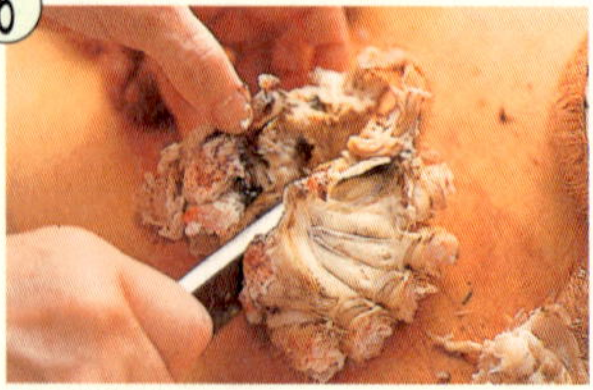
胴を縦半分に切る。

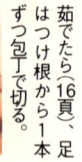

7

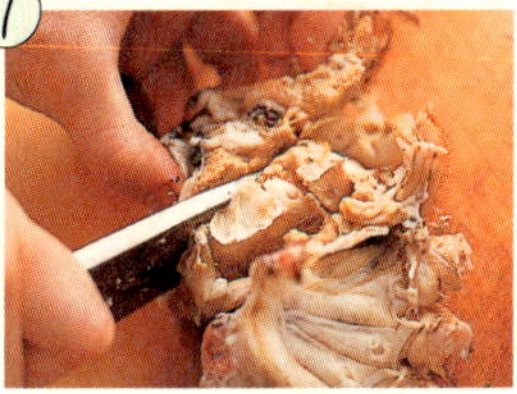

半分に切った身を、さらに縦にして半分に切る。

8

同様にもう一方も切り開く。

9

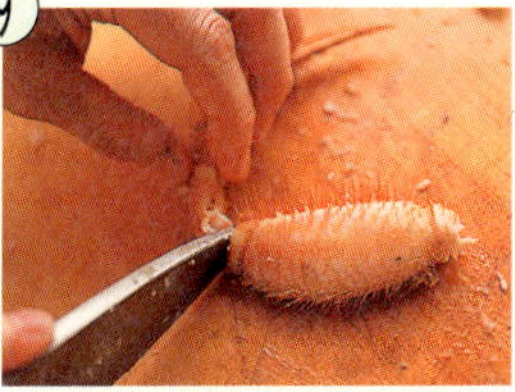

足は間接から切り分ける。

10

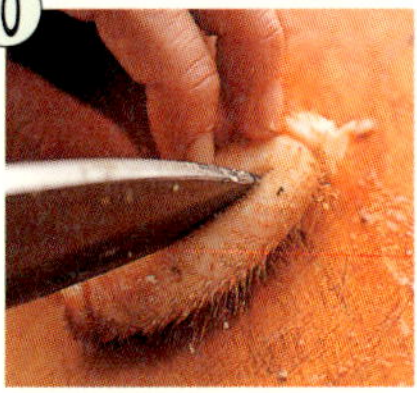

殻の内側のやわらかいほうの中央に切れ目を入れる。

11

食べやすいように手で開く。同様に他の足も開く。

12

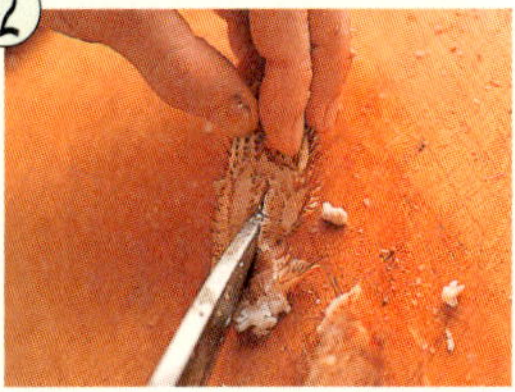

かにのはさみは、縦に切れ目を入れる。

13

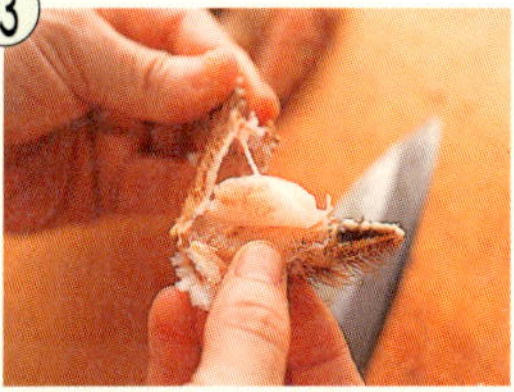

開いて身を取り出したところ。

14

かに味噌はそのまま食べても、甲羅焼きなど料理に加えても。

浜ゆでかに盛り合わせ

「かに」は活きたものを調理するのが基本。とれたてを茹でたて、または焼きたてで食べるのが一番おいしいのですが、これは一般の人にはむずしい。次においしい食べ方で、つまり活きたかにを買ってきて、「茹でたて・焼きたて」を食べる、これでいきましょう。

●材料（3人分〜）

タラバガニ・ズワイガニ・毛ガニ
各適宜　塩適宜

●作り方

1　活きたかにを手に入れたら、それぞれ以下のように茹でて、さばく。

「タラバガニ」　海水よりやや甘めの塩水を沸騰させて17〜18分茹でる。前かけを取って甲羅をはがし、かに味噌は取り出しておく。ガニを取り除いて身を縦半分に切り、食べやすく切り分ける。足も食べやすく殻を切り取っておく（10頁）。

「ズワイガニ」　同様の塩水で10分茹で、食べやすくさばく（13頁）。かに味噌は、器に取り出しておく。

「毛ガニ」　同様の塩水で10分茹で、食べやすくさばく（14頁）。かに味噌は、器に取り出しておく。

2　10〜15頁を参照してそれぞれさばいたら、器に盛る。好みでかに味噌を添える。

①大きな寸胴で、かにを丸ごと茹でる。②きれいな真っ赤に茹で上がったタラバガニ。

焼きがに（タラバガニ）

活きているタラバガニをさばくときは、トゲも鋭く、元気がよかったりすると危ないので注意。軍手は必携。さばき方は茹でたときと同じですが、殻を開けたら味噌をまずかき出してしまいましょう。タラバの味噌は食べられません。冷凍物を使う場合は、自然解凍してから。

●材料（2人分）

タラバガニ（生）の足4～5本　二杯酢（酢1/4カップ　醤油大さじ2～3）

●作り方

1　足を食べやすい大きさにカットする。

2　殻の白っぽいやわらかいところからキッチンバサミを入れ、食べやすいように殻を開ける。

3　焼き網にのせて焼く。

4　好みで、二杯酢などを添える。

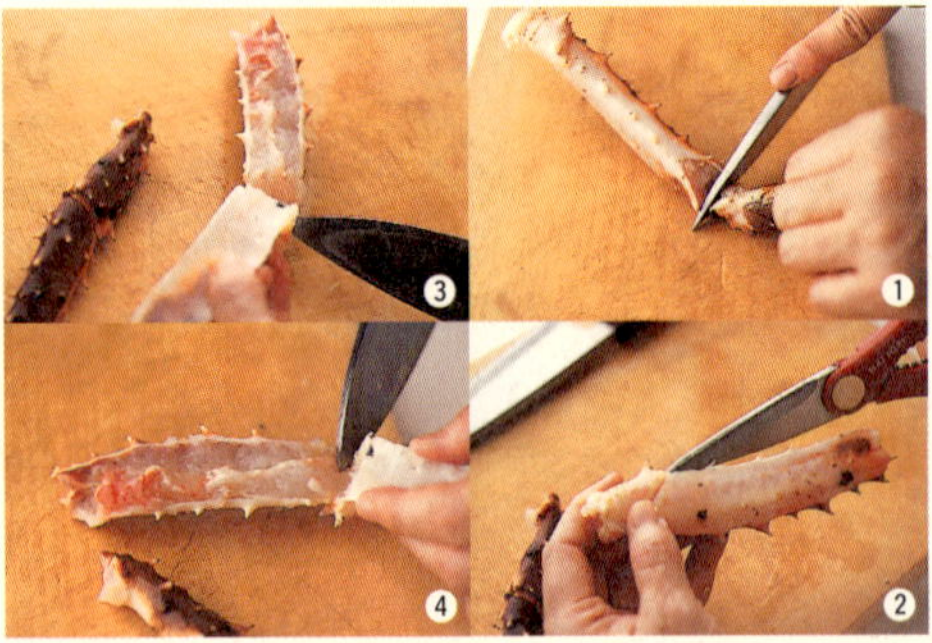

①関節の部分を切る。②殻のやわらかいところにハサミを入れる。③殻の両サイドを切って開ける。④不要な殻はカットして食べやすく。

毛ガニの天ぷら

小ぶりの毛ガニや冷凍物の場合、「かにすき」にするほどの量がないときなどは、身をほぐして天ぷらに。上品な味わいの一品になります。

●材料（2人分）

毛ガニ（ほぐし身）½カップ　毛ガニの足2本　衣（小麦粉½カップ　卵黄½個　水½カップ）　みつば3～4本　長ねぎ15㎝　揚げ油適宜　カボスなど適宜

●作り方

1　衣の卵黄に水を加え混ぜ、みつばは長さ2㎝、長ねぎは長さ1㎝に切り、かにのほぐし身とともに加える。

2　1を2つに分け、1回分ずつ小麦粉を加えてさっくり混ぜ、170℃の油で揚げる。

3　足は関節を残して殻をはずし、衣をつけて同様に揚げる。

①小麦粉はさっくり混ぜる。②そっと油に入れる。③分量がうまくいけば自然にまとまる。④しばらくしてから箸で返す。

かに甲羅焼き（ワタリガニ）

季節も地域もあまりこだわらないでよく見かけるかにで、旨みがしっかりとあって美味。冬場の子持ちのメスは、甲羅の隅々まで卵がつまっているので、茹でる時間は少し長めに。

●材料（2人分）

ワタリガニ2はい　A（西京味噌大さじ2強　卵黄½個　砂糖小さじ1　酢小さじ1）

●作り方

1　ワタリガニは塩水を沸騰させて20分ほど茹でて上げ、粗熱がとれたら甲羅をはずして切り分け、菜箸などで身を取り出す。足の身は麺棒などを使ってしごき出す。

2　Aを混ぜておく。

3　甲羅に取り出したかにの身をワタや卵も一緒に混ぜてつめ、Aをのせてオーブンで5分ほど焼く（グリルやオーブントースターでも可）。

①かにの身を取り出す。②具を甲羅につめる。③味噌をのせて焼く。

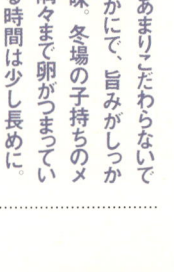

ワタリガニのさばき方

一年を通して手に入るが、旬は1～4月。
新鮮なものは生でもいける。もちろん、かに味噌もおいしい！

1

三角形の前かけを親指で持って取る。

2

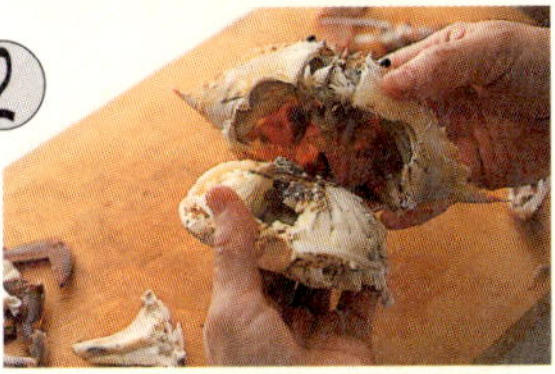

中央に親指を差し込み、甲羅をはがし取る。

3

両側についているガニを取り除く。

4

胴を縦半分に切る。

5

切り分けた身を立てて、さらに縦に切り開く。

6

足の身は、麺棒でつぶしてしごき出す。

かにすき鍋

茹でて食べやすくさばいた毛ガニは、鍋に入れたらあたためる程度で引き上げ、ポンス醤油などでいただきます。かに味噌は、取り分けて身と一緒にいただくもよし、酒の肴にするもよし。殻に残った味噌は、汁で洗って鍋に加えましょう。

●材料（4〜5人分）
毛ガニ1ぱい　水菜1束　えのき茸1束　しらたき1袋　板麩適宜
煮汁（だし汁4カップ　塩小さじ1　淡口醤油大さじ1　みりん大さじ1　酒大さじ1）　ポンス醤油適宜

●作り方
1　毛ガニを塩水で10分茹でたら、食べやすくさばく（14頁）。
2　水菜は2〜3等分に切っておく。
3　えのき茸は石づきを切ってほぐしておく。

4　しらたきは水から茹でて下茹でし、長さ7㎝に切っておく。
5　鍋に煮汁を煮立て、材料を入れる。
6　煮えたら、ポンス醤油（159頁）などでいただく。
※板麩＝焼き麩の一種で「庄内麩」とも。日本料理の煮物や汁物に広く用いられる。

下ごしらえした具。

かに雑炊

かにすき鍋のあとには、かにの旨みたっぷりの煮汁をご飯に吸わせて、全部いただきましょう。ご飯を加える前に、かにの軟骨や殻が煮汁に沈んでいないかチェックして。ご飯の量は少なめにして、さらさらに仕立てます。

●材料（3～4人分）
かにすき鍋の煮汁3カップ　ご飯250g　みつば3～4本　卵1個

●作り方

1　煮汁を煮立て、ご飯を加えてしばらく煮る。

2　刻んだみつばを加え、割りほぐした卵を回しかけて蓋をし、火を止めて2～3分蒸らす。

3　器に盛って、ポンスなどを少量加えていただく。

※ポンス＝主に橙（ダイダイ）の絞り汁のことだが、カボスやスダチ、ユズ、レモンなども用いる。

特選

酒肴のレシピ集

うまみたっぷり！

海老づくし祭り

淡泊でクセのない味わいは子供から大人まで大人気。数種の海老を使った特製料理をご紹介！

車海老の変わり衣揚げ

ポテトは冷凍でもスライサーでスライスしたものでもOK。衣以外にも、残ったポテトは揚げて一緒に盛りつけてもよいでしょう。

●材料（2人分）

車海老2尾　シュレッドポテト1カップ　卵白1個　塩・カボス各適宜　揚げ油適宜

●作り方

1　車海老は頭をつけたまま皮をむいて背ワタを取り（36頁）、丸く曲がらないように上下両面から切り込みを入れる。

2　海老に卵白をまぶし、シュレッドポテトをまぶして170℃の油で揚げる。

3　器に盛って、塩とカボスなどをあしらう。

※シュレッドポテト＝ポテトを5㎜幅ぐらいにスライスしたもの。冷凍物でも売られている。

焼締め長板皿（荒木義隆 作）

①まず腹側に、約1㎝間隔で身の半分位まで切り込みを入れる。②同様に背側からも入れる。③ポテトの衣をまぶしたところ。

青白磁四方皿（荒木義隆 作）

伊勢海老のお造り

伊勢海老に限らず、海老は箱などから取り出したり洗ったりするときは、必ず頭と背の境あたりをつかむようにします。とくに活きた伊勢海老は力があるので、尾で強くたたかれないように注意しましょう。

●材料（2人分）
伊勢海老1尾　つま（花穂　むらめ　白髪大根）各適宜　おろしわさび適宜

●作り方

1　伊勢海老の頭と胴の間に包丁を入れて（表裏から）薄皮を切り、ひねって胴を取り出す。

2　身はそぎ切って、そぎ造りにする。

3　頭に尾を差し込んで器とし、刺身を盛りつける。

4　つまとおろしわさびをあしらう。

活き伊勢海老のさばき方

活きた伊勢海老は、ぜひとも刺身でいただきたいもの。しこしことした歯触りとほんのり甘みが絶品だ。さばき方は意外とカンタン！

頭と胴の間に包丁を入れ、薄皮を切っておく。

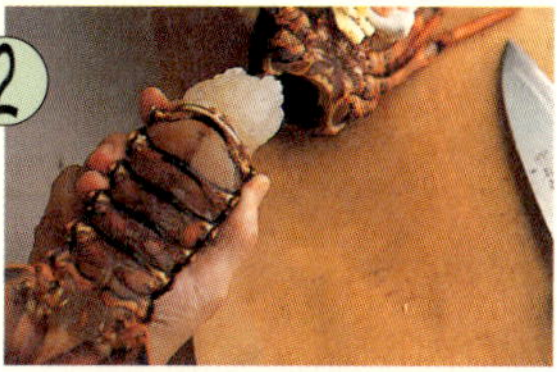

頭を持ち、胴を軽くひねって引き抜く。

胴を裏返し、包丁で横の部分に切り込みを入れていく。

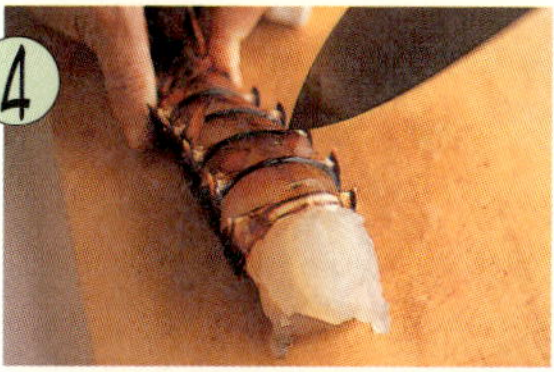

反対側にも切り込みを入れる。

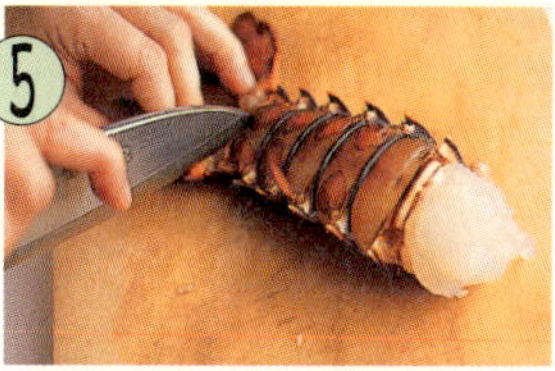

尾のつけ根の部分も切り込んでおく。

親指を差し込み、殻から身をはがす。

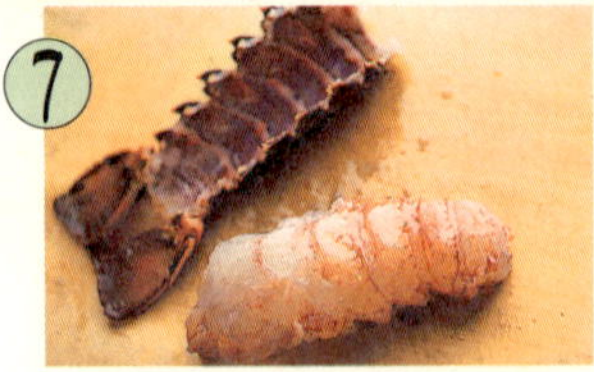

身がはがれたところ。

腹側の外皮もはがす。

外皮がきれいにとれた身。

尾を裏返して頭に差し込み、器にする。

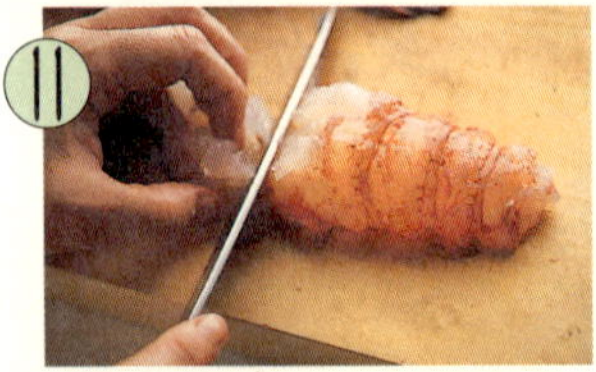

身はひと口大にそぎ切る。

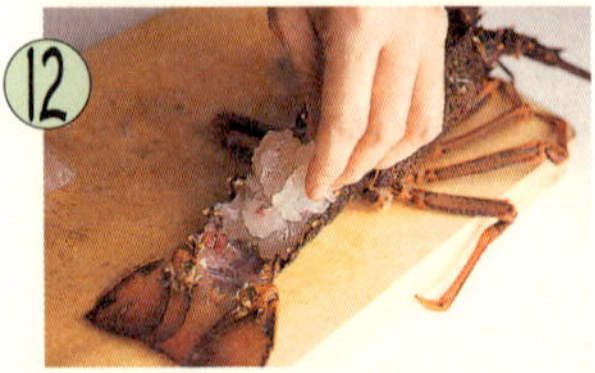

伊勢海老の器に盛る。

ビードロ釉長皿（神崎継春 作）

川海老唐揚げと枝豆、さつま芋チップス

川海老は油に一度に入れますが、その際は必ず鍋の蓋などを持って、油のはねを防ぎましょう。枝豆は茹でて2分ぐらい経ったら必ず試食し、固めでザルにとって扇ぎ冷まします。さつま芋は細いものがないときは、端の方だけスライスして揚げましょう。

●材料（2人分）
川海老100g　枝豆100g　塩適宜
さつま芋50g　揚げ油適宜

●作り方
1　川海老は水気を拭き取って、180℃の油でからりと揚げる。
2　枝豆は塩ずり（158頁）してから熱湯に入れ、茹でる。
3　さつま芋は厚さ2㎜にスライスして水気を拭き取り、からりと揚げる。
4　3品一緒に器に盛る。

海老と白身魚と果物の和え物

三足楕円鉢5000円、点々グラス2500円（ともに荒木桜子 作）

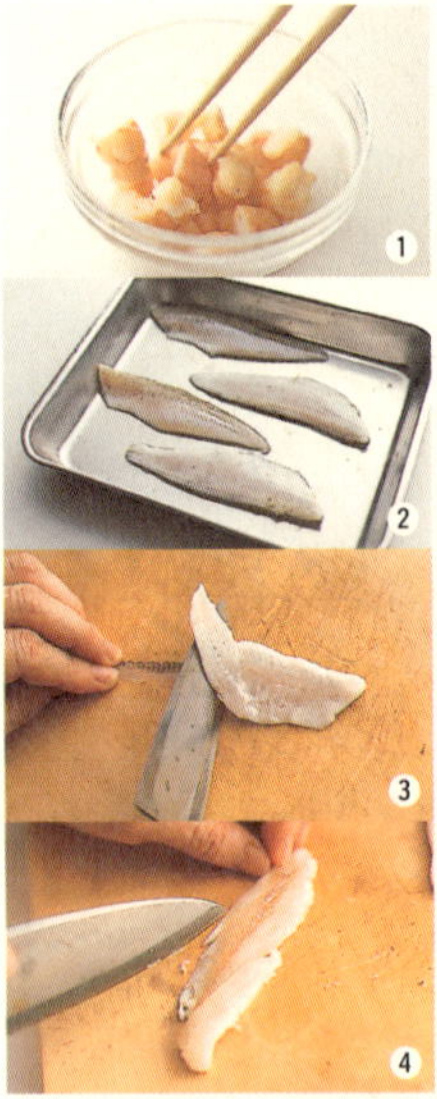

①少量の醤油をまぶして余分な水分は切る。②酢に5分浸して水気を拭き取る。③包丁の背で尾のほうから皮をひく。④糸造りにする。

東南アジアを旅していてヒントを得た一品。海老は大きければころころに切り、小ぶりなら頭を取って丸ごと使います。醤油の代わりにナムプラーを使えば、エスニックなサラダに。

●材料（2人分）
殻つき海老100g　きす2尾　グレープフルーツ½個　セロリ¼本

かけ酢(酢大さじ2　醤油大さじ1　砂糖大さじ1)　酒・塩・醤油・酢各適宜

●作り方

1　えびは背ワタを取り(36頁)、頭も取って少量の水に酒と塩を加えて煮立てた中でさっと炒り煮(158頁)し、皮をむいて切って醤油洗い(158頁)しておく。

2　きすは3枚におろし、薄く塩をふって5分ほどおいてから酢に5分浸し、水気を拭き取って皮をひき、糸造りにしておく。

3　グレープフルーツは皮をむいて、軽くほぐしておく。

4　セロリは筋を取って縦半分に切り、小口から厚さ3㎜に切る。

5　全ての具を混ぜ合わせ、かけ酢で和える。

大正海老の中華風香味揚げ

海老は殻つきで調理すると一番おいしいところを食べることができます。活きた海老なら、背ワタを取って頭をつけたまま尾の先だけを切って調理すれば、海老味噌も食べられます。

●材料（2〜3人分）

大正海老10尾　下味（酒大さじ2　塩小さじ1/4　しょうが汁小さじ1　長ねぎみじん切り小さじ1　小麦粉小さじ1　長ねぎみじん切り小さじ2）　揚げ油適宜　粉ざんしょう小さじ1/2　塩小さじ1/2

●作り方

1　海老の背に深めに切り込みを入れ、背ワタを取って尾の先を切り取り、混ぜ合わせた下味をまぶして約10分おく。

2　海老の水気をよく拭き取り、170℃の油でからりと揚げる。

3　フライパンに揚げた海老を入れ、粉ざんしょうと塩をふりかけて焦げないよう空煎りする。

※空煎り＝水や油を加えずに、鍋で材料を煎ること。

①背に深く切り込みを入れる。②竹串などで背ワタを引き抜く。③焦げないように注意して空煎りする。

車海老の黄味焼き

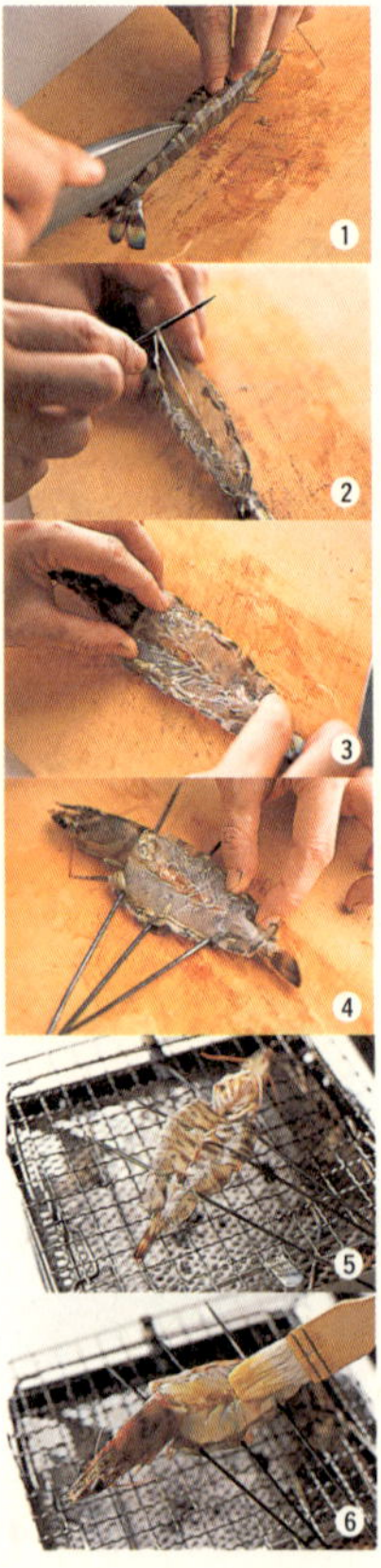

①背に切り込みを入れる。②竹串などで背ワタを取る。③背開きにする。④串は最初に中央を打ってから左右に打つ。⑤まず内側を軽くあぶる。⑥裏返してハケで卵黄を塗って焼く。

焼締め長皿（荒木義隆 作）

活きた車海老を使うと、頭がとれずに味噌ごと食べられます。頭が落ちてしまうと縁起も悪いとされるので、活き海老ならではの料理です。

●材料(2人分)

活き車海老2尾　卵黄1個　甘酢(酢$\frac{1}{4}$カップ　砂糖大さじ$1\frac{2}{3}$　塩小さじ$\frac{1}{8}$　だし汁小さじ2)大さじ1　酢蓮適宜

●作り方

1　車海老は背開きにして背ワタを取り、三本串を打つ。

2　卵黄に甘酢を加えてとろみが出るくらいに加熱し、海老に塗って火であぶる。

3　串を回しながら引き抜き、器に盛って、酢蓮などをあしらう。

※酢蓮(すばす)＝皮をむいて切ったれんこんをさっと茹で、鷹の爪を加えた甘酢に漬けたもの。

肴にぴったり!

貝づくし祭り

お酒との相性も抜群な
貝料理の数々。
貝好きにはこたえられない、
定番ものの一品料理が勢揃い!

酢牡蛎

牡蛎はRのつく月しか食べられないというのは欧米の話で、日本には夏が旬の岩牡蛎があります。山形、新潟、鳥取、隠岐の島など日本海側が産地。冬の貝より大ぶりの3倍はあるので、殻に戻すときは3切れぐらいに切って。

●材料（1人分）
岩牡蛎1～2個　三杯酢・カットレモン各適宜

●作り方

1　蝶番を手前にして、必ず軍手やタオルなどで牡蛎を持つ。

2　貝剥き（158頁）またはナイフなどを殻の右上に差し込み、少しひねって貝柱をはずし、貝柱を切り離して蓋を開ける。

3　身を殻からはずし、立て塩（159頁）でふり洗い（159頁）する。

4　三杯酢（158頁）やレモン汁などをかけて盛りつける。

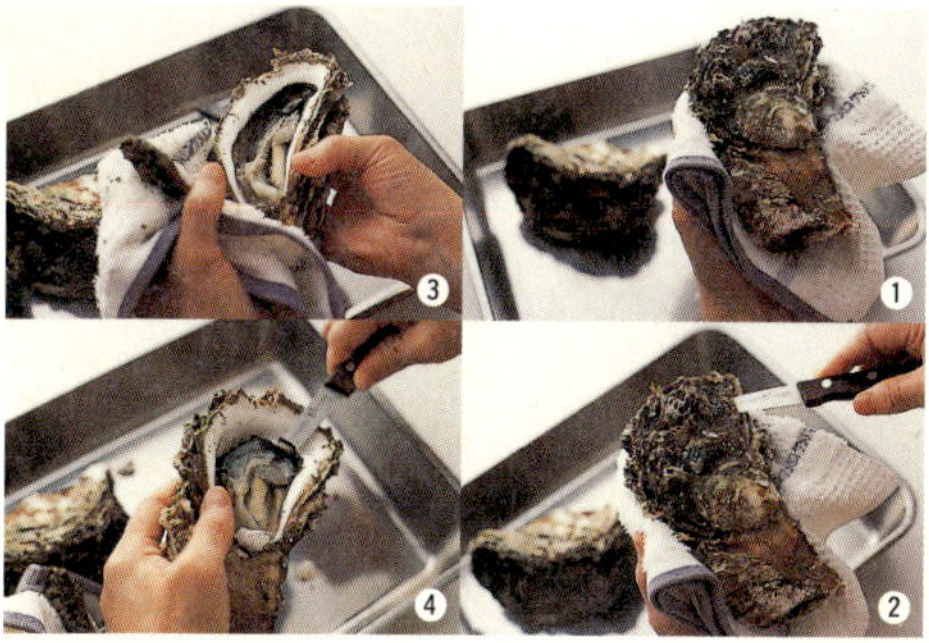

①力が入って危険なので、必ず軍手や布巾を用意して作業する。②殻の合わせ目に貝剥きを差し込む。③少しひねって殻を開ける。④貝柱を貝剥きでそぎ取る。

赤貝の刺身

本物が手に入りにくくなった魚介類の代表格。偽者の赤貝は筋が粗く、身は色が薄くて風味も欠ける。対して本物は「本玉」と呼ばれています。貝殻が薄いので割れやすく、蝶番のところのくぼみに貝剥きを当てて、貝が割れたらそこから細いナイフなどを差し込んで貝柱をはずします。

●材料(1人分)
赤貝(本玉)1個　防風適宜　おろしわさび適宜

焼締め輪花鉢(荒木義隆 作)、箸置き500円(高橋弘子 作)

●作り方

1 蝶番のくぼみに貝剥き(158頁)を当てて2枚の貝をずらすようにし、貝柱をはずして中身を取り出す。

2 ひもと貝柱をはずし、開いてワタを処理する。

3 塩水でふり洗い(159頁)してから切り込みを入れ、ひもと貝柱は切り離しておく。

4 防風(159頁)は茎を割いて水に浸け、いかり防風(159頁)につくりあしらう。

5 おろしわさびを添える。

赤貝のさばき方

冬から春にかけてが旬で、
北海道南部から九州にかけて広く分布。
他の貝と違いヘモグロビンを含有するため肉が赤く、
殻を開けると血が流れる。
肉はやわらかく美味。

1 蝶番のくぼみに貝剥きを当てる。

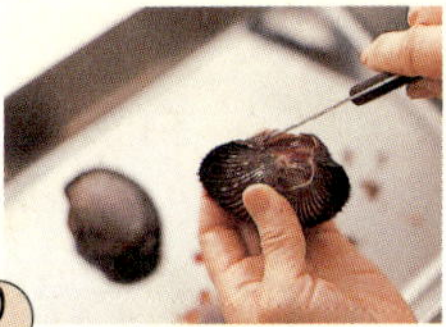

2 開いた隙間に貝剥きを入れてひねって開ける

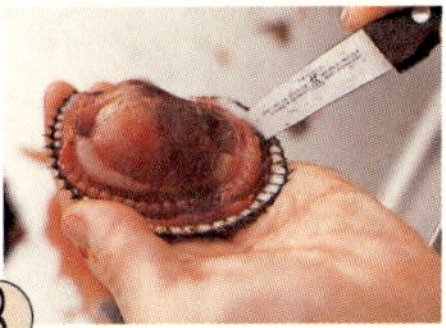

3 貝と殻の隙間にナイフを入れ貝柱をはずす

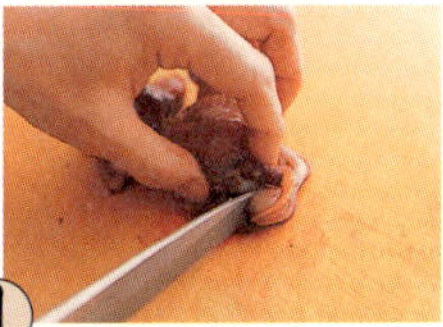

4 貝柱を切り離す。

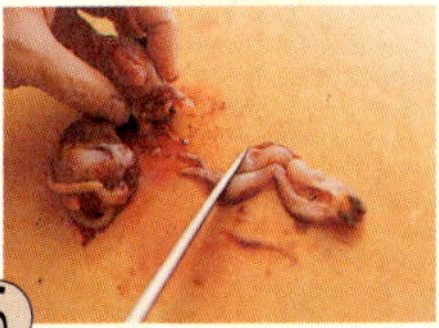

5 ひもと貝柱を切り離す。

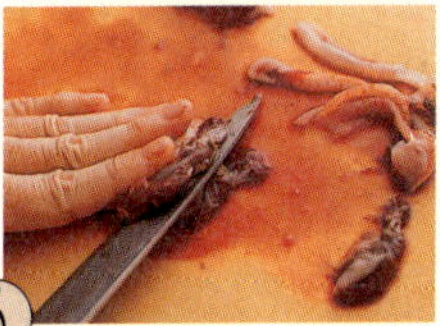

6 身の厚みに包丁を入れ2つに切り開く。

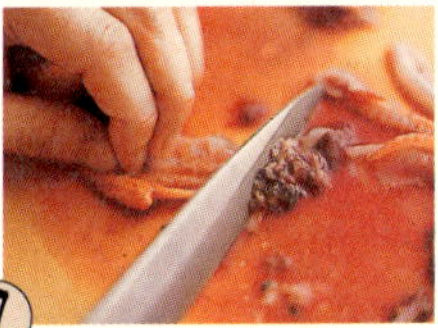

7 最後に身についているワタを取り除く。

8 処理の終わった身とひもはふり洗いする。

さざえの壺焼き

①蓋がゆるんだら素早く蓋の下にナイフを入れる。②ナイフを回して蓋をはずしたら指で貝柱をはがす。③殻を回しながらワタごと引き抜く。④ワタは別に茹でる。⑤身と肝を切り離す。⑥身についている固いクチバシを取り除く。⑦身をふり洗いする。⑧殻に具をつめる。⑨焼き網で焼く。

扇面皿（荒木義隆 作）、
箸置き500円（高橋弘子 作）

さざえは口を下にして伏せておくと、ゆるんでくる（蓋を持ち上げる）ので、すかさずへらを巻き終わりのところに差し込み左回しにして柱を切り、蓋を取ります。一度蓋を引っ込められてしまうと、当分伏せて放っておくしかありません。

●材料（2人分）

さざえ2個　しらたき¼玉　椎茸1枚　下煮（淡口醤油小さじ1　酒小さじ1）　みつば1〜2本　煮汁（だし汁¾カップ　淡口醤油小さじ1）

●作り方

1　さざえの蓋を取り、貝柱をはずして中身を取り出す。

2　ワタは別に茹で、身は濃い塩水（立て塩［159頁］）でふり洗いしてからころころに切る（158頁）。
3　しらたきは茹でてザルに上げ、水気を乾かしてから長さ5㎝に切る。
4　椎茸は薄切りにし、みつばは長さ2㎝に刻んでおく。
5　淡口醤油と酒を熱してさざえを軽く下煮し、取り出してしらたきと椎茸を水気がなくなるまで炒り煮（158頁）する。
6　殻にさざえと他の具をつめ、煮汁を張って焼き網にのせて中火にかけ、ぐつぐつしてきたらみつばをのせて蓋をする。器に盛って、好みで茹でたワタを添える。

はまぐりの塩焼き

はまぐりは、煮えてくると火が当っている下側の貝柱がはずれて上の貝に身がついて蝶番が開き、バランスを失ってころげておいしい汁が流れてしまうということになりかねません。そこで、火が通っても蝶番が開いてしまわないように、あらかじめ蝶番は切り取っておくのがポイント。こうすれば、開いたときに身も汁も下側の殻に残ります。

①はまぐりが半分浸る位の塩水に浸け、新聞紙などを被せて暗くし砂抜きする。②蝶番の上側と下側の両サイドに刃を入れる。③蝶番を切り取る。

●材料（1人分）

はまぐり（大）2個　醤油大さじ1

酒大さじ1

●作り方

1　はまぐりを3％の塩水に浸し、3時間ほど砂ぬきしてからタワシなどで貝殻を洗う。

2　出刃包丁の刃先をまな板につけて、貝の蝶番を切り取る。

3　焼き網にのせて中火で焼き、吹いてきたら（大きい場合は裏返す）醤油と酒を同量混ぜたものを貝に流し込み、再び吹いたら盛りつける。好みで、塩をふって飾る。

青白磁片口（荒木義隆 作）

貝寄せの酢の物

貝類をさばいたあとは、ザルなどにとって立て塩（海水ぐらいの塩水）でさっと洗います。たっぷりの水でのんびり洗っていると、味が抜けてしまうのです。

●材料（2人分）

赤貝1個　小柱80g　みつば3～4本　わかめ少々　きゅうり½本　三杯酢適宜

●作り方

1　赤貝はさばいて、ひもは貝柱からはずし、小柱とともに塩水でふり洗いして水気を切っておく。

2　みつばはさっと熱湯にくぐらせ、長さ3㎝に切る。

3　わかめは水で戻したらさっと熱湯にくぐらせてザルにとり、みじん切りにしておく。

4　きゅうりは薄切りにしてボールの中で立て塩（159頁）でもんだら、水をいっぱいに張ってザルにとり、絞っておく。

5　千切りにした貝と小柱ときゅうり、わかめを三杯酢（158頁）で和え、みつばを混ぜて器に盛る。

ビードロ箸置き400円(大文字)、てぬぐい400円(はんてんや)

深川丼

新鮮なあさりの風味でいただく漁師料理。殻つきのあさりを使う場合は、砂抜きしたものを水から茹で、そのあさりのだしを使います。

●材料(2人分)

あさりむき身200g　長ねぎ1本　焼き海苔1枚　だし汁2カップ　調味料(塩小さじ1/3　淡口醤油小さじ1　みりん小さじ1)　水溶き片栗粉適宜　しょうが汁小さじ1　ご飯300〜350g

●作り方

1　あさりは少量の塩水でふり洗い(159頁)し、さっと水で流して水気を切っておく。

2　長ねぎは斜め切りにし、焼き海苔は布巾などに包んでもんでおく(73頁)。

3　だし汁を火にかけ、調味料を加えて長ねぎを入れさっと煮立て、あさりを加える。

4　水溶き片栗粉を加えてとろみをつけ、しょうが汁を加えて混ぜ、ご飯にかけて海苔を散らす。

あさりはふり洗いしておく。

旬がうまい!

季節の野菜祭り

春夏秋冬、
日本にはおいしい野菜があります。
旬な素材を季節別の肴に
ベストチョイス。

春

焼き筍

皮つきのまま焼く野趣豊かな一品。焼き上がってから切り込みを入れて食べやすくしたり、仕上げに練り味噌を薄く塗ってひと焼きするのもよいでしょう。

●材料(2人分)

筍(皮つき・茹でたもの)適宜　醤油適宜

●作り方

1　茹でたもの(52頁)を縦割りに4〜6等分し、水気を拭って、身のほうに醤油を浸す。

2　上火のグリルかオーブンで焼き目がつくまで焼く。

①旬の皮つきのものが出回ったら、ぜひお試しを。②ぬかと赤唐辛子を入れ、水から煮る。

旬の筍の下ごしらえ

早いものは3月頃から出回りはじめるが、旬は4月～5月。中央に切り目を入れ、水から煮るのがポイント。

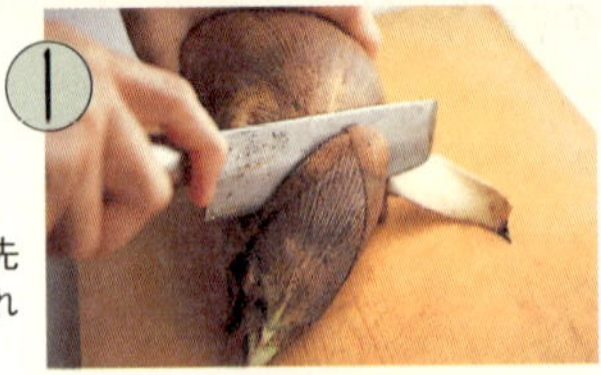

皮をむかないで、穂先に斜めに包丁を入れる。

筍の身を切らないよう注意して穂先を切り落とす。

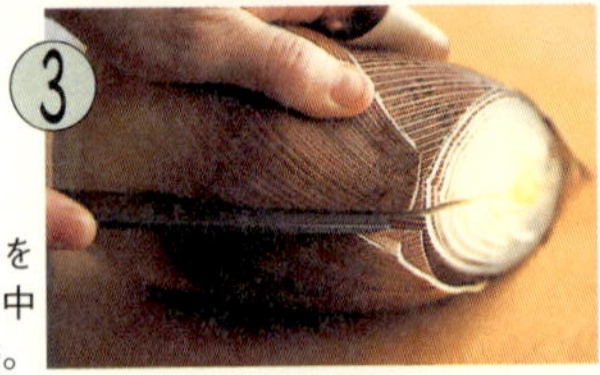

筍の中央に切り込みを入れる。こうすると中まで火が通りやすい。

大きめの鍋に筍を入れ、たっぷりの水と米ぬかを掌に一杯分と赤唐辛子を入れ､水から中火で40～60分茹でる。

根元に竹串がすっと通るまで茹でたら火を止め、冷めるまでそのままおく。

このあと皮をむいて、それぞれの料理に。

春

若竹煮

季節の新わかめと旬の筍の風味を生かして、薄味に仕上げます。下茹でして冷めきらない筍の皮をむき、水気を拭って調理するとより香り豊かに。わかめの霜降りは、沸騰した湯に入れて鍋の縁が再びちりちりしてきたらすぐザルにとり、冷まします。

●材料(2人分)
筍の水煮150g　新わかめ(戻したもの)100g　煮汁(だし汁2カップ　淡口醤油小さじ2　塩小さじ½　みりん大さじ2)

●作り方

1　筍を根元の方から数枚輪切りにして4等分にし、穂先は姫皮をつけたまま放射状に切る。

2　水で保存してあった筍はさっと霜降り(158頁)してから、煮汁で煮る。

3　わかめは塩蔵の物は水洗い、干したものは水で戻してから、たっぷりの熱湯で霜降りしてザルにとり、ウチワなどで扇いで冷まして食べやすい大きさに切る。

4　筍が煮えたらわかめを鍋の隅に入れ、ひと煮立ちさせて火を止め、盛りつける。

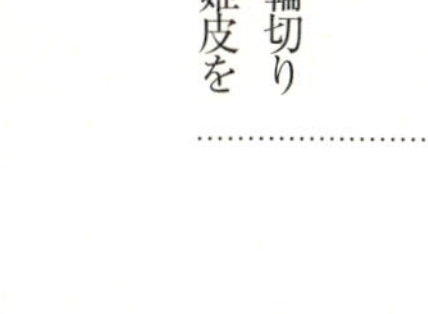

わかめを入れたらすぐ火を止める。

筍ご飯

①煮汁を濾す。②分量を量って、同量の水を取り出してから煮汁を米に加える。③煮汁を加えて混ぜたら、すぐ炊きはじめる。

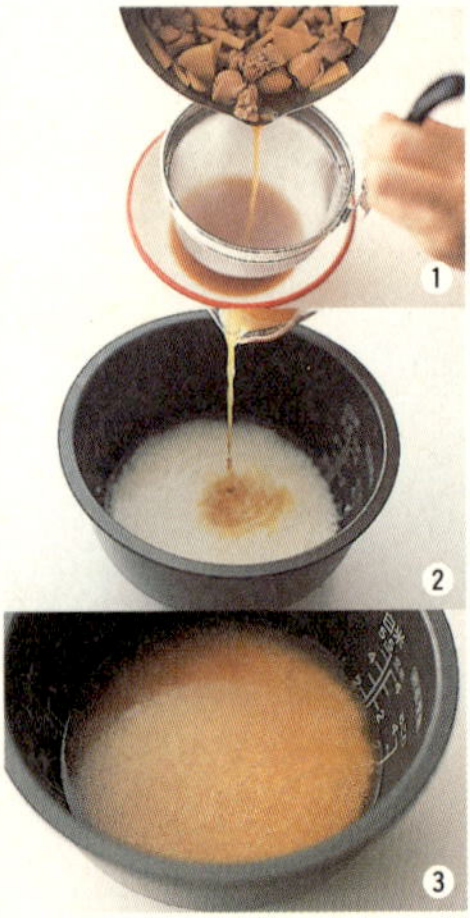

筍は穂先のほうはやわらかいので繊維に沿ってくし形に切り、根元に近い固い部分は、縦に6〜8等分して小口から繊維に垂直に切ります。下煮はあまり煮つめ過ぎないように、煮汁が具に染みたら漉します。

●材料（4人分）

筍（茹でたもの）150g　鶏むね肉1/2枚　下煮汁（だし汁1カップ　砂糖大さじ2/3　醤油大さじ2　酒大さじ1）　米2カップ　木の芽適宜

●**作り方**

1　米は研いで、450ccの水に1時間以上浸しておく。

2　筍は厚さ3㎜ほどの薄切りにし、鶏肉はサイの目に切る。

3　筍と鶏肉はさっと霜降りしてから、下煮汁で10分ほど煮る。

4　3の煮汁を漉して量り、米を浸した水からその分を差し引く。

5　水に浸した米に煮汁を加えて炊きはじめ、水気がなくなってきたら具を入れて、そのまま炊き上げる。

6　炊き上がったら器に盛り、刻んだ木の芽をふりかける。

じゃがいもの煮物

染付け鉢（岡 晋吾 作）

じゃがいもがやわらかくなったら、お玉でつぶす。

じゃがいもは、火加減によっては十分にやわらかくなる前に水気がなくなってしまうことがあるので、茹で上がったときに水気がひたひたに残っているよう注意。

●材料（2人分）
じゃがいも1個（160〜170g）　豚ひき肉100g　玉ねぎ1/4個　こしょう少々　醤油適宜

●作り方

1　じゃがいもは皮をむき、サイの目に切ってひたひた（159頁）より少し多めの水を加えて茹でる。

2　玉ねぎは薄切りにし、じゃがいもの水が沸騰してきたらひき肉とともに加える。

3　じゃがいもがやわらかくなったらお玉などでつぶし、こしょうをふる。

4　器に盛って、好みで醤油をかける。

角皿（荒木義隆 作）

グリーンアスパラとたこの炒め物

にんにくは焦げると苦味が出るので、炒めるときは油の温度が低いうちに入れます。たこも炒め過ぎると縮んで固くなってしまうので、さっとにんにくをからめる程度に。

●材料（3～4人分）

グリーンアスパラ1束　たこの足1本　にんにく1かけ　醤油適宜　塩・こしょう各適宜　オリーブ油大さじ1

●作り方

1　たこは薄切りにして、醤油を軽くまぶしておく。

2　グリーンアスパラは3～4等分し、根に近いところは皮をむいてから塩を加えた熱湯で茹でておく。

3　にんにくを粗みじん切りにしてオリーブ油で炒めて香りを出し、たこを加えてサッと炒める。

4　グリーンアスパラを加えてひと炒めしたら、塩、こしょうで調味し、器に盛る。

たこは醤油をまぶしておく。

朱線文箸置300円(大文字)

うどのきんぴら

うどの香りが大人っぽいきんぴら。普段捨ててしまいがちな皮ですが、本当は香りが強くて、きんぴらにするとおいしい部分です。芯はほっておいても、固い皮はさくさく刻んできんぴらにしましょう。

皮も一緒に千切りにする。

●材料(2人分)

うど(皮だけでもOK)200g　ごま油大さじ1　砂糖大さじ$2/3$　醤油大さじ$3/4$　七味唐辛子適宜

●作り方

1　うどは長さ5㎝に切って皮を厚くむき、皮はそのまま千切りに、芯も薄切りにしてから千切りにする。

2　ごま油を鍋で熱し、うどを加えて炒め、しんなりしてきたら砂糖、醤油の順に調味する。

3　火を止めて、七味唐辛子をふる。

中皿（青山双男 作）

夏

かぼちゃ射込み煮

かぼちゃは蒸してから煮ると、味が染みやすくなります。鍋は、かぼちゃを入れて半分ぐらいは煮汁がかぶるくらい大きさのものを使い、かぼちゃを返したり取り出したりするときは、へらなどを2本使って丁寧に。

●材料（4人分）

日本かぼちゃ½個（約400g） 鶏ひき肉150g A（酒大さじ1 砂糖大さじ1 淡口醤油大さじ½） 生椎茸2枚 卵½個 煮汁（だし汁3カップ 淡口醤油大さじ2 酒大さじ1 砂糖大さじ4） 水溶き片栗粉適宜

●作り方

1 かぼちゃを縦半分に切ってところどころ皮をむき、蒸し器で伏せて蒸してから、へたとワタをとって、内側に薄く片栗粉をはたいておく。

2 鶏ひき肉にAの調味料を加えて、鍋で水気がなくなるまで炒る。

3 生椎茸をみじん切りにして2に加え、卵を割りほぐして加え混ぜ、かぼちゃにつめる。

4 煮汁を調合して火にかけ、かぼちゃの切り口を上にして3を煮はじめ、途中で切り口を下にして煮上げる。

5 煮汁に水溶き片栗粉を加えてとろみをつけ、切り分けて盛りつけたかぼちゃにかける。

①最初は伏せて蒸す。②水気がなくなるまで炒る。③茶こしで中まで片栗粉をふる。④具をかぼちゃにつめる。

なすのはさみ揚げ

①鶏肉を包丁でたたいて細かくする。②椎茸と長ねぎはみじん切りに。③鶏肉にたたき混ぜる。④衣をからませる。⑤最初は皮を下にして揚げる。⑥返してきつね色になったら上げる。

肉や魚をたたくときは、刃先に近いほうの部分を当てるような気持ちで、包丁の重さを使ってトントンとたたきます。ひき肉を使ってもよいですが、自分でたたくと好きな大きさに調節できます。この場合は、ひき肉の倍ぐらいの大きさまでたたきましょう。

●材料（2人分）
なす2本　鶏ささ身2本　生椎茸1枚　長ねぎみじん切り大さじ1　塩小さじ¼　卵（小）¼個　衣（水½カップ　卵［小］¾個　小麦粉½カップ　片栗粉大さじ1）　揚げ油適宜　さんしょう・塩各適宜

●作り方

1　鶏肉は包丁でたたいて（159頁）細かくし、生椎茸と長ねぎのみじん切りをたたき込み、塩と卵を加えてさらによくたたき混ぜる。

2　なすは縦半分に切り、大きければ半分の長さにして、深く切り込みを入れ、間に**1**をはさむ。

3　衣の材料を混ぜ合わせ、**2**にからませて170℃の油で揚げる。

4　山椒塩（さんしょうと塩を混ぜたもの）などを添える。

青磁多用鉢1800円（大文字）

冬瓜のかにあんかけ

新しいものは表面に霜がついたように白っぽくなっていることから、夏に採れるのに「冬瓜（とうがん）」と呼ばれています。冬瓜の皮をむくときは青味が少し残るようにして、ワタのやわらかい部分はしっかり取り除きます。

●材料（2〜3人分）
冬瓜300g　煮汁（だし汁1カップ　淡口醤油小さじ1　塩小さじ1/4　みりん大さじ2/3）　あん（かに肉ほぐしたもの大さじ2　だし汁1/2カップ　淡口醤油小さじ2　みりん大さじ1　酒小さじ2）　水溶き片栗粉（片栗粉小さじ1　だし汁小さじ2）

●作り方
1　冬瓜は3cm角に切り、ワタを取り除いて薄く皮をむき、1mmほど面取り（159頁）する。
2　水から米粒を加えて、竹串がすっと通るまで冬瓜を茹でたら取り出して、煮汁で煮る。
3　あんを調合して火にかけ、かに肉を加えて水溶き片栗粉でとろみをつけ、冬瓜にかける。

割山椒向付（荒木義隆 作）、箸置き500円（高橋弘子 作）

秋

山芋三杯酢

菊の花は茹でて水にさらして絞ったら、三杯酢などに漬け込んでおくと保存でき、そのままでも和え物にも用いることができます。

●材料（2人分）

大和芋50g　きゅうり½本　菊の花適宜　酢・塩各少々　三杯酢（酢大さじ3　砂糖大さじ1　淡口醤油小さじ½　だし汁大さじ2）

●作り方

1　大和芋は千切りにする。

2　きゅうりは斜めに薄切りにし、立て塩（159頁）でもんでから一度水を張って、ザルにとって絞る。

3　菊の花をほぐして、酢と塩少々を加えた熱湯でさっと茹で、水にさらしてから絞る。

4　2と3を酢洗い（158頁）してから、大和芋と三杯酢で和える。

きゅうりは海水程度の塩水でもむ。

里芋の揚げ煮

里芋が出回りはじめる秋には、まだゆずの皮は青くて固いのですが、香りはキリリとして爽やか。包丁で薄くむいて刻んだり、すりおろして使います。

●材料（3～4人分）
里芋400g　煮汁（だし汁2カップ　淡口醤油大さじ1　みりん大さじ1　砂糖大さじ1）　片栗粉適宜　揚げ油適宜　青ゆず適宜

●作り方
1　里芋の皮をむき、やわらかくなるまで蒸し器で蒸す。
2　調味した煮汁で煮て、里芋に味をつける。
3　片栗粉を薄くまぶして、170℃の油で揚げる。
4　器に盛って残った煮汁をかけ、青ゆずの皮をすりおろしてかける。

①蒸し器で蒸す。②煮て味つけをする。③片栗粉をまぶす。④170℃の油で揚げる。

黄瀬戸小鉢（青山双男 作）

衣かつぎ

里芋（子芋）を皮つきのまま蒸したり茹でたりしたもので、中秋の名月には欠かせないお供物。秋の収穫を祝い、お月様に感謝した昔の人々の気持ちを受け継いで。

●材料（2人分）
子芋5〜6個　塩・醤油・練り味噌各適宜

●作り方
1　子芋を蒸し器で竹串が通るまで蒸し、根の方を切り取って器に盛る。
2　好みで、塩、醤油、練り味噌などをあしらう。

竹串が通るまで蒸す。

焼締め浅鉢（荒木義隆　作）

冬

白菜の炒め煮

白菜は炒めてから煮るとだしの味が染みやすく、甘味も出ます。チンゲン菜やキャベツでつくってもよいでしょう。また、ハムの代わりにソーセージを使っても。

●材料（2人分）
白菜400g　サラダ油適宜　だし汁1カップ　ハム（薄切り）2枚　塩小さじ1/3　牛乳1/2カップ　水溶き片栗粉適宜

●作り方
1　白菜はざく切りにして、さっと油で炒めてからだし汁で煮る。
2　白菜がやわらかく煮えたら取り出して、器に盛る。
3　鍋に残っただし汁にハムのみじん切りと塩を加え、牛乳を加えて水溶き片栗粉でとろみをつけ、ひと煮立ちさせてから白菜にかける。

小松菜の煮びたし

小松菜はごく新鮮なものを用いると、煮たときに速くやわらかくなるので、色もきれいに仕上がります。

●材料（3〜4人分）
小松菜1束　鶏もも肉½枚　油揚げ1枚　ごま油大さじ1　煮汁（だし汁1½カップ　砂糖大さじ1½、淡口醤油大さじ1½　みりん大さじ1）

●作り方
1　小松菜は根元を切り取り、長さ6㎝に切る。
2　鶏肉は繊維に垂直に、厚さ5㎜の千切りにする。
3　油揚げは茹でて油抜きしてから、5㎜幅に切る。
4　鍋にごま油を熱して鶏肉を炒め、小松菜、油揚げを加えて炒めたら、だし汁を加える。
5　鶏肉に火が通ったら砂糖を加え、しばらくしたら淡口醤油とみりんを加えて煮る。

1

2

①鶏肉は繊維に垂直に千切りに。②鍋で茹でて油抜きしておく。

焼締め片口（荒木義隆　作）

冬

焼きれんこん

れんこんは肉厚の物を選び、切ってから色が変わらないうちに調理します。醤油少々をまぶしてから、片栗粉をつけて焼いても香ばしく美味です。

●材料（2人分）
れんこん100g　ごま油大さじ1
片栗粉大さじ2　醤油・練り辛子各適宜

●作り方
1　れんこんは皮をむいて厚さ1cmに切り、片栗粉を両面にまぶしておく。
2　フライパンにごま油を熱し、れんこんに焼き目がつくまで中火で両面焼く。
3　器に盛って、醤油と練り辛子を添える。

錆十草長角皿 1000円（大文字）

焼締め片口（荒木義隆 作）

大根のサラダ

大根は繊維に沿って細く切り、冷水に浸してシャキシャキ感を出します。風味が薄れてしまうので、あまり長く浸さないように。冷蔵庫で保存する場合は、乾燥しないようにラップをかけましょう。

●材料（2〜3人分）

大根200g　スプラウト（芽、新芽）1パック　かつお節適宜　海苔少々　ドレッシング（ごま油大さじ1　レモン汁大さじ½　醤油大さじ1　〔豆板醤小さじ½〕）

●作り方

1　大根は長さ4㎝の千切りにして冷水に浸し、ザルにとって水気を取る。

2　スプラウトは根を切り取る。

3　かつお節は焦げないように空煎り（158頁）してから、手で握りつぶして細かくにしておく。

4　海苔は布巾などに包んで、もんでおく。

5　器にサラダの材料を盛りつけ、ドレッシングを調味してかけて、かつお節と海苔をふりかける。

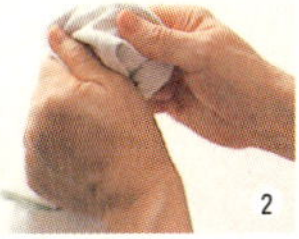

①フライパンで空煎りする。②海苔は布巾に包んでもんでおく。

旬を食らう!

カツオ一本釣り祭り

シーズンになれば、
刺身や節におろしたものは
すぐ手に入るが、
旬ものは、やはり1本買ってきて
豪快にさばいてみたい。

カツオ豆知識

全世界の温帯から熱帯に広く分布。春は大群をなして太平洋を黒潮にのって北上し、秋には南下する回遊魚。初夏の「初ガツオ」がはしりで、大きく成長した秋の「戻りガツオ」は脂ものって濃厚な味わいに。いずれも刺身やたたきなど生が一番だが、脂がのったものは、照り焼きやあら煮、汁物にしても旨い。

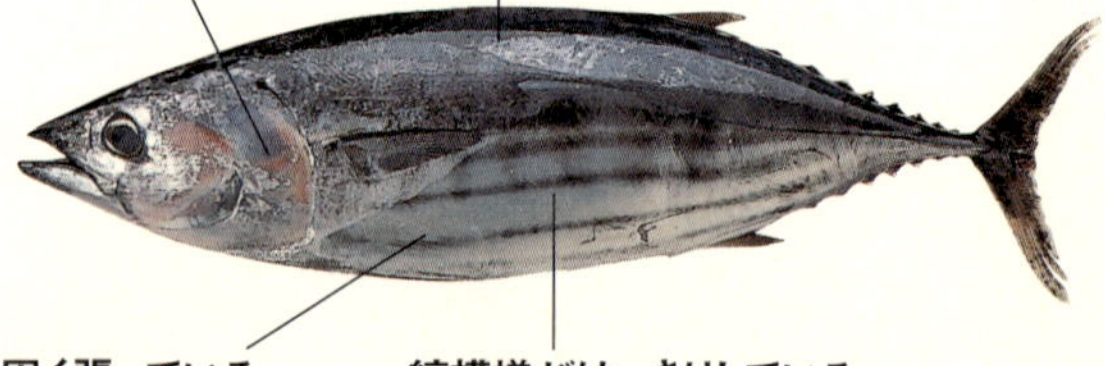

エラは赤身を帯びているものがよい。
外皮は固くザラついているものを選ぶ。
腹は固く張っているものが新鮮。
縞模様がはっきりしているものが旨い。

◀手前から、ドットプレート[大]15000円(高橋弘子 作)、白磁隅切長皿1600円(大文字)、黄瀬戸小鉢(青山双男 作)、伴天(赤・1号サイズ)2800円、一番扇子900円(ともに、はんてんや)、点々グラス2500円(荒木桜子 作)

初秋の戻りガツオのさばき方

脂がのって濃厚な味わいが楽しめる秋の戻りガツオ。
自分でさばければ、料理のバリエーションもぐんと広がる！

①

カマ下（胸ビレの下）から包丁を入れて、中ほどまで切り込んでおく。

②

裏返して、反対側からも同様に切り込む。

③

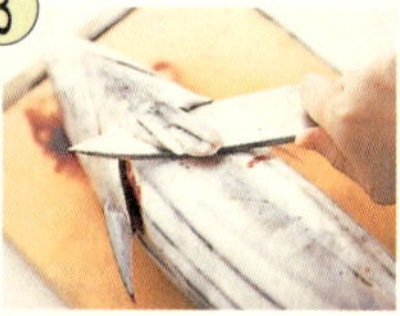

腹側の頭のつけ根部分を、写真のように切っておく。

④

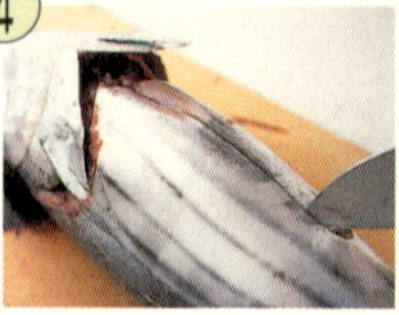

頭側から包丁を入れ、肛門まで切れ目を入れる。

⑤

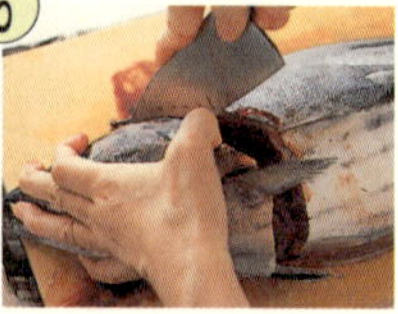

包丁で骨を切って、頭を落とす。

⑥

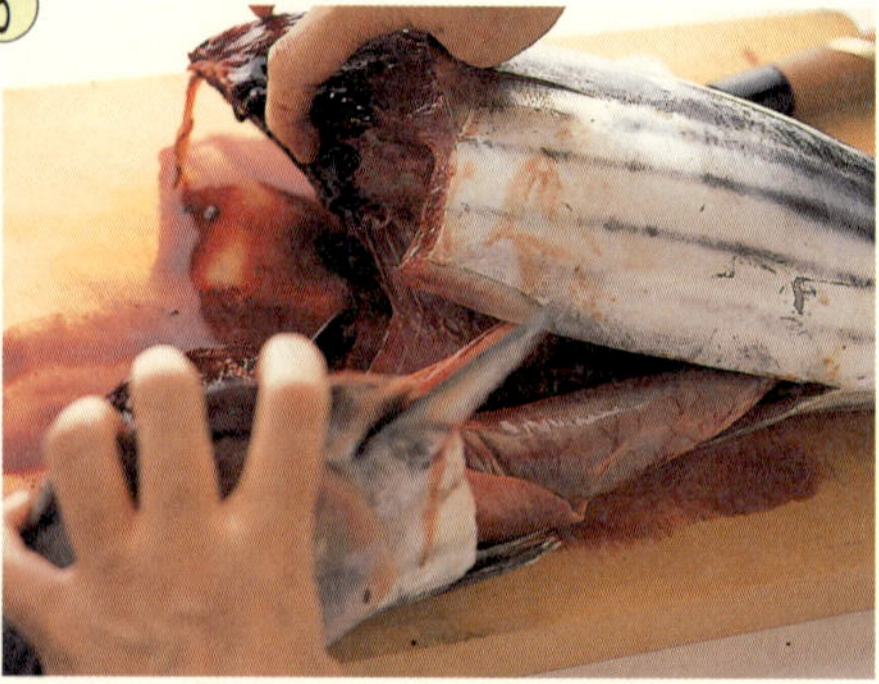

頭を持ち、手前に引くようにして内蔵ごと取る。

⑦

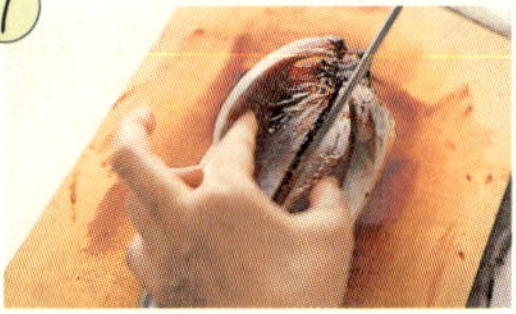

腹の中の薄皮を切り、真水できれいに洗う。

⑧

頭寄りの背側にある固いウロコを、包丁で削ぐように切る。

⑨

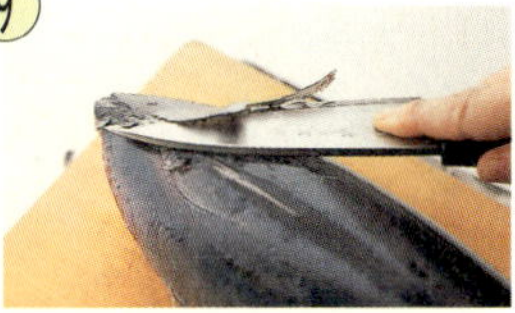

反対側のウロコも同様にはがしておく。

⑩

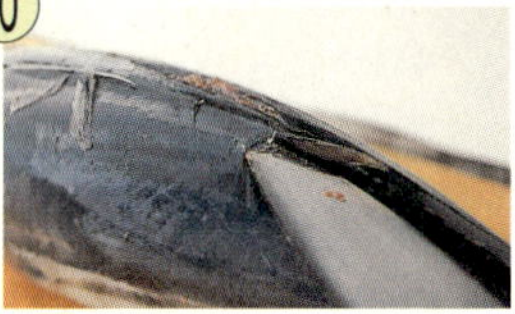

背ビレに沿って切れ目を入れる。

⑪

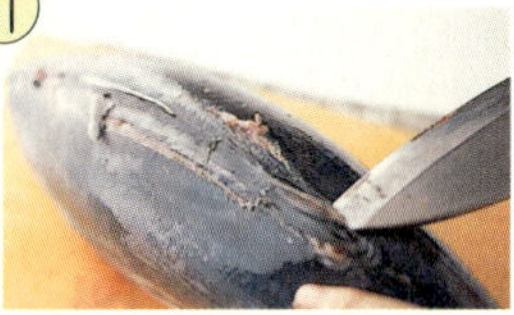

背ビレの両サイドに切れ目を入れ、取り出しやすくする。

⑫

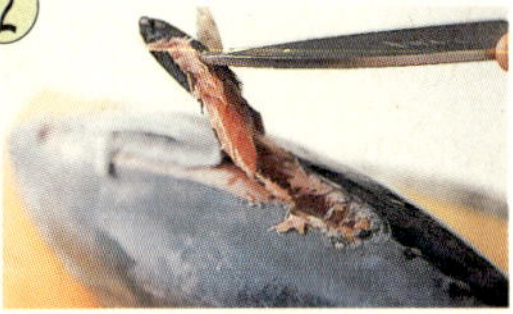

包丁で刺して背ビレをかき出す。

⑬

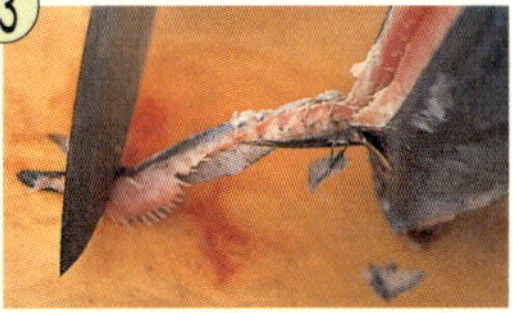

尾を左手で持ってぶら下げ、包丁の背で背ビレの端を押さえ、引きはがす。

⑭

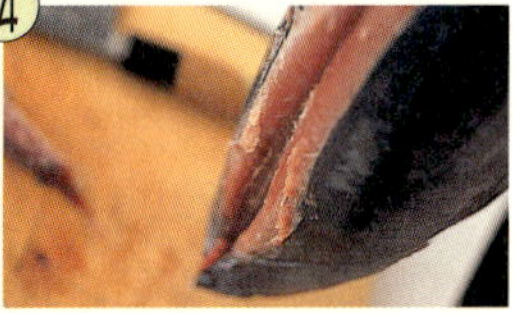

背ビレがとれた断面。

⑮

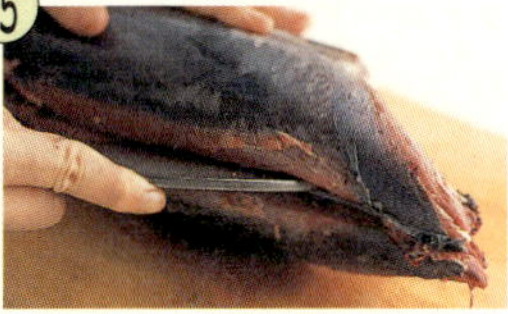

身を横にして、背側から背骨に沿って切れ目を入れる。

⑯

腹側からも背骨に沿って切れ目を入れておく。

17

尾のつけ根に包丁で切り込む。

18

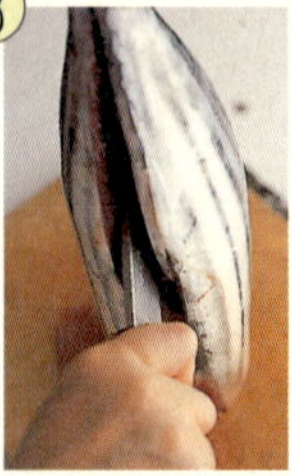

尾を左手で持ってぶら下げ、背骨に沿って切り、2枚におろす。

19

背骨のほうの身は、腹側から背骨に沿って皮目に切れ目を入れておく。

20

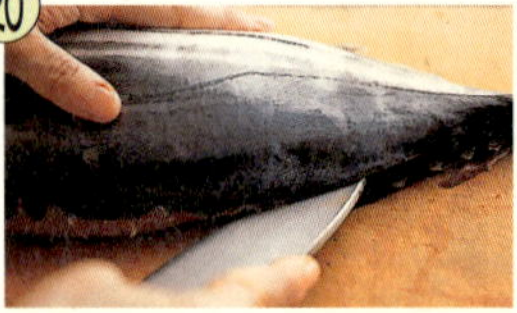

背側からも同様に切れ目を入れる。

21

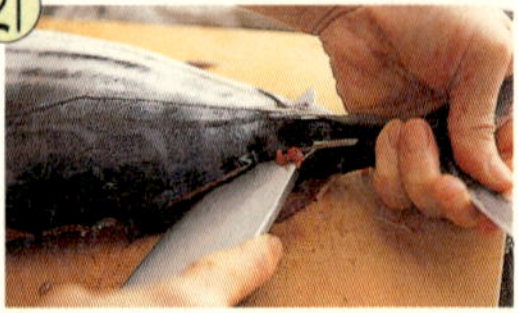

尾のつけ根に包丁で切り込む。

22

左手で尾を持ち、背骨に沿って身と骨に切り分ける。

23

3枚におろしたところ。中骨についた身はスプーンなどですき取って料理に使う。

24

背節側に中骨をつけて、背節と腹節に切り分ける。

25

背節側の中骨は、血合いと一緒に切り取る。

初秋の戻りガツオのさばき方

26

切り取った中骨と血合い。

27

さらに残った血合いを丁寧に取り除く。

28

腹節は、腹骨をすき取る。

29

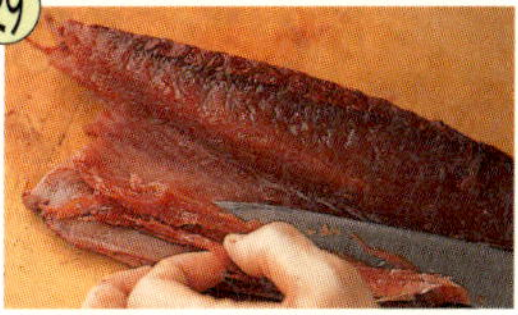

包丁を寝かせて、薄く丁寧に切っていく。

30

腹骨をはずしたところ。

31

さらに血合い部分を切る。

32

腹骨と血合いをきれいに取り除いた腹節と背節。

33

刺身にする場合は、皮の脂肪分の厚さだけ包丁を入れ、頭のほうから皮を引いていく(皮の内びき)。

34

皮の内びきが済んだ切り身。

身は「カツオの刺身(82頁)」へ。
皮は「カツオの銀皮味噌焼き(83頁)」へ

カツオの洋風たたき

作ってから時間が空いてしまうようなときは、カツオのたたきを思いきって洋風に仕立ててみては。マリネの味が染み込んで、かえって忙しいときのおもてなしなどにはもってこい。チャービルやカリカリにんにくはサービスする直前にあしらいましょう。

●材料（2人分）

カツオの節（おろしにしたもの）1本　玉ねぎ15g　にんにく1かけ　サラダ油適宜　塩少々　ドレッシング（オリーブ油1/4カップ　醤油大さじ2　レモン汁大さじ2）こしょう少々　チャービル適宜

●作り方

1　玉ねぎはごく薄切りにして、20分ほど水にさらしておく。

2　にんにくは薄切りにして、焦げないよう注意して油でカリカリに焼く。

3　カツオに串を刺し、直火で皮目から5㎜ほど火を入れるように焼き、身のほうはさっとあぶって白くなったらまな板にとり、塩をふる。

4　ザルに上げて水気を切った玉ねぎの半量を器に散らし、厚さ1㎝に切ったカツオをその上に盛り、残りの玉ねぎをさらに散らす。

5　ドレッシングをかけてこしょうをふり、しばらく冷蔵庫でなじませてからカリカリにんにくを散らし、チャービルをあしらう。

※チャービル＝上品な甘い香りを持つセリ科の香辛植物。セルフィーユともいう。

ドットプレート［大］15000円（高橋弘子 作）

①薄切りにんにくをカリカリに焼く。②皮目から直火で焼く。③あぶったカツオに塩をふる。④玉ねぎを散らしてからカツオを盛る。

カツオ刺身

太平洋を回遊してはるばる日本まで泳いでやってくるカツオ。筋肉の固まりともいえる赤い身は、旨み満点、栄養満点。秋口には脂ものってきて、戻りガツオのころには旨みも最高潮に。刺身は、おろししょうがでさっぱりと。

●材料（2人分）

カツオ150g　おろししょうが大さじ1　醤油大さじ1　つま（みょうが1個　花穂・むらめ各適宜）

●作り方

1　カツオを平造りにして、おろししょうがと醤油をまぶし、10分ほどおく。

2　みょうがは縦半分に切ってから斜めの薄切りにし、しばらく水にさらしてザルにとる。

3　カツオを器にを盛りつけ、つまを添える。

白磁隅切長皿1600円(大文字)

カツオの銀皮味噌焼き

刺身にすると残ってしまう皮。皮つきでたたきにしてもおいしいのだから、皮も使えるはず。酒の肴に、ちょっと味噌を加えたくず肉を塗りつけ、火であぶってみました。

●**材料(2人分)**
カツオの皮1枚　カツオのくず肉100g　味噌小さじ½　しょうが汁小さじ½　青ねぎ少々

●**作り方**

1　カツオのくず肉を包丁でたたき(159頁)、味噌としょうが汁を加え混ぜ、カツオの皮(79頁)に塗りつける。

2　焼き網にのせて皮目からあぶり、火が通ったら身のほうも少しあぶる。

3　食べやすい大きさに切って器に盛り、青ねぎの小口切りをあしらう。

※カツオのくず肉＝カツオをさばいたとくにとれる中骨についたすき身や、刺身などにしつらえたときに残る余分な身。

①包丁で身をたたく。②カツオの皮に塗りつける。

カツオの手こね寿司

大人数のときは、大きな飯台にそのまま盛りつけて供しましょう。飯台の縁についた飯粒などは、酢水で濡らした布巾できれいに落として。

●材料（4人分）
カツオ300g　米2カップ　合わせ酢（酢¼カップ　塩小さじ¼　みりん小さじ1）　つけ汁（しょうが汁大さじ1　醤油大さじ1　みりん小さじ1）　大葉10枚　青ねぎ3〜4本　白ごま大さじ2　酢取りしょうが・もみ海苔各適宜

●作り方
1　炊きたてのご飯に合わせ酢を混ぜ合わせ、扇いで冷ましておく。
2　カツオは厚さ1cmに切ってからひと口大に切り、つけ汁に15分以上浸す。
3　大葉は千切り、青ねぎは小口切り、白ごまは煎って香りを出しておく。
4　ご飯に大葉と白ごまを混ぜ込み、カツオを散らして、青ねぎ、酢取りしょうが（159頁）、もみ海苔をあしらう。

①カツオはつけ汁に浸して下味をつける。②酢飯に具を混ぜ込む。

カツオの香味野菜和え

カツオのすき身や刺身などにしつらえた残りのくず肉などをたたいて、ご飯にのせたり、お茶漬けにしていただきましょう。氷温冷蔵すれば1～2日持ちます。

●材料（2人分）

カツオ150g　長ねぎ5cm　みょうが1個　青ねぎ1本　しょうがみじん切り小さじ1　醤油小さじ1～2

●作り方

1　長ねぎとみょうが、青ねぎは小口から薄切りにする。

2　カツオをころころに切って（158頁）、長ねぎ、みょうが、しょうがのみじん切りをざっとたたき混ぜ、醤油を加える。

3　器に盛って、青ねぎを散らす。好みで、海苔やごまを散らしても。

黄瀬戸小鉢（青山双男　作）

染付け鉢(岡 晋吾 作)

カツオのあら汁

中落ちといっても、骨についた身まできれいにすき取ってしまっては、だしがあまり出ないのではと心配になりますが、骨そのもの、太い背骨の髄からもちゃんと旨みが出ます。髄は、尖った骨に気をつけながら吸うのが正しい食べ方。

●材料(2人分)

カツオの中落ち適宜　昆布だし2カップ　味噌大さじ2½　みりん大さじ1　青ねぎ少々　粉ざんしょう少々

●作り方

1　鍋に水から昆布を入れて火にかけ、煮立つ直前に昆布を取り出して「昆布だし」を作る。

2　1を煮立てた中にカツオの中落ち、あればくず肉などを加えて、しばらく煮る。

3　味噌を溶き入れ、みりんを加えてひと煮立ちさせたら火を止める。

4　器に盛って、青ねぎの小口切りを散らし、粉ざんしょうをふる。

※中落ち＝魚を3枚におろしたときに出る中骨。または、そこからすき取った身のこと。

地鶏祭り

肴の王道!

肉の産地にもこだわって調理したい酒のつまみにぴったりな肴の数々。

手羽元煮込み

骨つき肉からはゼラチン質が出てきて、冷めると煮こごりになり、その状態でもまた別のおいしさが味わえます。手羽元は肉の離れがよくなるまで、また玉ねぎがとろっとするまで煮込みましょう。具が煮汁から出てしまうなら、落とし蓋をして煮るように。

●材料（2人分）
鶏手羽元4本　れんこん100g　にんじん$\frac{1}{4}$本　小玉ねぎ150g　きぬさや50g　ごま油大さじ1　だし汁$1\frac{3}{4}$カップ　砂糖大さじ2　醤油大さじ$2\frac{1}{2}$　みりん大さじ2

中鉢（藤井敬之 作）

●作り方

1 れんこんとにんじんは皮をむいて乱切りにし、れんこんは酢水に浸けておく。

2 小玉ねぎは皮をむき、きぬさやはへたをとって塩茹でしておく。

3 手羽元とれんこん、にんじんをごま油で炒め、だし汁を注いで10分ほど煮る。

4 鶏肉に火が通ったら小玉ねぎを加え、砂糖を加えてしばらく煮る。

5 醤油、みりんを加えて煮上げ、器に盛ってきぬさやを散らす。

粉引き長皿（荒木義隆 作）

焼き鳥盛り合わせ

できれば炭火を使って焼きたい。昨今では七輪が見直されてインターネットなどでも販売されています。炭火の代わりに、石綿と網が数cm離れている焼き網でもけっこうおいしく焼けます。はじめに網のほうに火を当ててよく熱してから、焼き鳥をのせます。

●材料（2人分）

鶏手羽肉½枚　長ねぎ15cm　鶏ひき肉200g　A（長ねぎのみじん切り小さじ2　うずら卵1個　しょうが汁小さじ½　塩ひとつまみ　砂糖小さじ½　片栗粉小さじ1）　鶏皮80g　砂肝60g　鶏ささみ2本　梅肉少々　うずら卵6〜8個　タレ（みりん・醤油各50cc　砂糖大さじ1）　塩適宜

●下ごしらえ

「**ねぎま**」手羽肉をひと口大に切り、ひと口大に筒切りにした長ねぎと交互に串に刺し、軽く塩をふっておく。

「**つくね**」鶏ひき肉にAを加えてよく練り混ぜ、丸めて下茹でし、串に刺す。

「**鶏皮**」3cm幅のひと口大に切り、串に刺して軽く塩をふる。

「**砂肝**」白い部分を取り除いて串に刺し、塩をふる。

「**ささ身梅焼き**」ささ身をさっと霜降り（158頁）、ひと口大に切って串に刺し、みりん少々でのばした梅肉を塗る。

「**うずら卵**」うずら卵は茹でて軽く塩をふり、串に刺す。

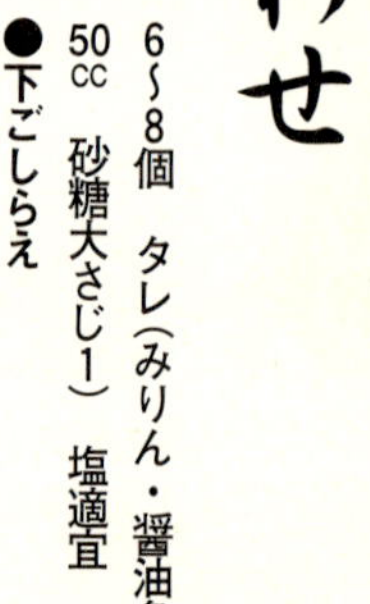

①下ごしらえの済んだ各種焼き鳥。②ささ身梅焼きは、焼き網で焼かない。

●作り方

1　タレの材料を鍋に入れ、煮立ててからとろ火にし、少し煮つめる。

2　焼き網に「ささ身梅焼き」以外を並べ、鶏肉に火が通ったら砂肝は火から上げ、他の串にはタレをハケで塗って、2〜3回裏返しながら焼き、器に盛る。

手羽先スパイス揚げ

焼締め長板皿(荒木義隆 作)、一口ビールグラス2000円(荒木桜子 作)

手羽先をタレに30分以上漬け込む。

若鶏の場合は油で揚げますが、成鶏肉の場合は皮に脂がのっていることが多いので、オーブンやグリルで焼いたほうが香ばしく仕上がります。

●材料(2人分)

鶏手羽先10本　タレ(みりん大さじ2　醤油大さじ3　砂糖大さじ1　酒大さじ1　おろし玉ねぎ大さじ1　こしょう小さじ1　さんしょう小さじ½)　揚げ油適宜

●作り方

1　タレの材料を混ぜ合わせ、弱火で10分ほど煮る。

2　手羽先をタレに30分以上漬け込む。

3　水気をよく拭いて、170℃の油で揚げる。

織部小鉢（藤井敬之 作）

鶏レバー甘辛煮

保存のきく便利な一品。炒めはじめたらすぐに酒を加え、水気がなくなるぐらいまで炒めて砂糖、醤油の順に加えます。火加減は終始中火で、材料が混ざったら時折返すぐらいにして、レバーをあまりに崩さないようにします。

●材料（2人分）

鶏レバー200g　香味野菜（にんにくみじん切り大さじ½　しょうがみじん切り大さじ½　玉ねぎみじん切り大さじ1）　ごま油大さじ1　酒大さじ2　砂糖大さじ1½　醤油大さじ2

①水に浸して血抜きする。②血の固まりなどがあれば取り除いておく。

●作り方

1　レバーは30分ほど水に浸して血抜きをし、さっと湯通しする。

2　ころころに切って（158頁）、血の固まりなどがあれば取り除く。

3　鍋にごま油を熱し、香味野菜を炒めて、レバーを加え炒める。

4　酒、砂糖、醤油の順に加え、水気がほとんどなくなるまで煮る。

古伊万里中皿（器見世むつみ堂）

鶏竜田揚げ

醤油とみりんを合わせたつけ汁に、長ねぎのみじん切りなどを加えてもよいでしょう。鶏肉は10分漬け込めば味は染みます。片栗粉の余分ははたき落とし、揚げ油に入れたときチッと乾いた音がしたら適温。粉のつけ具合と油の温度が適切だと、皮に所々白く片栗粉が浮き上がった状態でおいしく揚がります。

●材料（2人分）
鶏もも肉1枚　醤油大さじ1　みりん大さじ⅔　片栗粉適宜　揚げ油適宜　青唐適宜　カットレモン適宜

●作り方

1　鶏もも肉はひと口大に切り、肉厚のところは少し切り込みを入れておく。

2　醤油とみりんを合わせたところに10分漬け込む。

3　水気を拭って片栗粉をまぶしたら、余分な粉をはたき落とし170℃の油で揚げる。

4　青唐は縦に5㎜ほどの切り込みを入れてさっと揚げる。

5　好みで、くし形に切ったカットレモンなどを添える。

豆富祭り

あったかうまい！

煮てよし、焼いてよし、
揚げても断然うまい。
酒の肴として大人気の
豆腐料理の数々をご紹介。

豆富と牡蛎のあんかけ

牡蛎の旨みをあんに閉じ込めて豆腐に添えた、高タンパクでヘルシーな一品。飲ん兵衛の肝臓にも強い味方。牡蛎はあまり煮過ぎないように、ふっくら仕上げるのがポイント。

●**材料（2人分）**
むき牡蛎200g　塩・酒各適宜　A（醤油大さじ1　酒大さじ1）　絹ごし豆腐1丁　だし汁1カップ　あん（淡口醤油大さじ1　みりん大さじ1　砂糖小さじ1/2　しょうが汁小さじ1）　みつば適宜　水溶き片栗粉適宜

牡蛎を炒り煮する。

●**作り方**

1 牡蛎は塩水でふり洗い(159頁)し、水気を切ったら酒で洗って水気を切る。

2 Aを鍋にとって火にかけ、牡蛎を炒り煮(158頁)する。

3 豆腐はだし汁であたためて器にとり、残っただし汁を**2**に加え、あんの調味料と刻んだみつばを入れて、水溶き片栗粉でとろみをつける。

4 牡蛎も器に盛って、あんをかける。

豆富白和え

①こんにゃくを鍋で霜降る。②豆腐を布巾にとる。③ザルの上で軽く水気を絞る。④裏ごしする。⑤よく混ぜたら調味料を加える。

肉などの「生臭もの」を使わない精進料理。練りごまを少し加えると風味が増し、コクのある味わいに。豆腐は絞り過ぎるとパサパサになるので、へらなどで軽く押す程度に。

●材料（4人分）
木綿豆腐2/3丁　キクラゲ少々　にんじん80g　油揚げ1枚　こんにゃく1/3枚　下煮汁（だし汁1/4カップ　砂糖大さじ2/3　淡口醤油大さじ1/2）　調味料（砂糖大さ

焼締め鉢（荒木義隆 作）

じ2　塩小さじ¼　淡口醬油小さじ½　酒小さじ1）

●作り方

1　キクラゲは水で戻して石づきを取って千切りに、にんじんは長さ3㎝の千切り、油揚げは両面焼いてから千切りにしておく。

2　こんにゃくは小柱に細く切って、霜降っておく（158頁）。

3　鍋に下煮汁を入れ、にんじんとこんにゃくを煮汁がほぼなくなるまで煮る。

4　豆腐は鍋に水から入れて火にかけ、湯気が立ってきたら布巾にとって軽く絞り、裏ごししてから当り鉢で滑らかになるまでよく当たり、調味料を加える。

5　豆腐と具をよく混ぜ合わせ、器に盛る。

手作りがんも

揚げたての香ばしいがんもどきは、手作りならではの格別な味わい。にんじんは生のまま入れるので、太くならないように切りましょう。

●材料(2人分)
木綿豆腐1丁　にんじん50g　キクラゲ少々　インゲン4本　山芋50g　卵(小)1個　片栗粉大さじ2　揚げ油適宜　醤油・おろししょうが・大根おろし各適宜

織部変形皿(荒木義隆 作)、六角グラス2000円(荒木桜子 作)、朱巻丸汁次3200円(大文字)、箸置き500円(高橋弘子 作)

●作り方
1　豆腐は布巾に包んで30分ほど軽く押して水切りし、当たり鉢であたる。
2　にんじんは2cmの千切り、キクラゲは水で戻して石づきを取り千切りにする。
3　インゲンは茹でて長さ5mmに切る。
4　豆腐に山芋をすりおろして混ぜ、さらに卵を割りほぐして混ぜる。固さを見ながら、片栗粉を加え混ぜる。
5　具をよく混ぜ合わせたら好きな形にまとめ、170℃の油で揚げる。
6　器に盛って、醤油とおろししょうが、好みで大根おろしなどを添える。

①豆腐を軽く水切りする。②当たり鉢であたる。③具を加え混ぜる。④好みの形に丸める。

あったか奴

豆腐の水分でかつお節の旨みが引き出される栄養価も高い一品。彩りのみつばは、たっぷり添えたい。

●材料（2人分）
木綿豆腐½丁　かつお節1カップ　卵1個　みつば3〜4本　煮汁（砂糖大さじ1½　醤油大さじ2　酒大さじ2）

●作り方
1　豆腐を奴に切って、かつお節をしいた鍋に入れる。
2　1に煮汁をかけて火にかけ、煮立ったら卵を割りほぐして回しかける。
3　刻んだみつばを散らして蓋をし、蒸らしてからいただく。

奴に切った豆腐を鍋に入れる。

豆富ステーキ きのこソース

豆腐によっても固さはさまざまに仕上がりますが、外側はカリッと焼いて、中にはしっとり感が残るくらいの水切りを目指しましょう。

●**材料(2人分)**

木綿豆腐1丁　片栗粉適宜　サラダ油適宜　キノコ(しめじ、えのき茸など)100g　にんにく1かけ　ごま油小さじ2　醤油大さじ$1\frac{1}{2}$　砂糖ひとつまみ　オイスターソース小さじ$\frac{1}{2}$

●**作り方**

1　豆腐は、布巾に包んで30分ほど軽く押しをかけて水切り(100頁)しておく。

2　豆腐を厚さ1㎝の小袖切りにし、軽く片栗粉をはたいて油を熱したフライパンで両面焼く。

3　キノコは石づきを取って、ほぐしておく。

4　にんにくのみじん切りをごま油で炒め、キノコをさっと炒めてしんなりしたら、醤油、砂糖、オイスターソースを加える。

5　豆腐を皿に並べ、**4**のキノコソースをかける。

鍋物祭り

身も心もホッカホカ！

寒～い冬には、やっぱり鍋がいちばん。特製鍋の一品、ぜひお試しあれ。

鯛すき

鯛が天然物で新鮮な場合は、霜降らなくてもよいでしょう。養殖ものは脂がかなりのっているので、活け締めしたものでも霜降ったほうがさっぱりします。ウロコは、頭の部分もなるべく取り除いて調理しましょう。

●材料（3～4人分）

鯛（800gぐらいのもの）1尾　絹ごし豆腐1丁　長ねぎ1本　えのき茸1束　みつば100g　昆布1かけ　薬味（海苔・万能ねぎ各適宜）　ポンス醤油（カボスまたはダイダイ・醤油各適宜）

①鯛を３枚におろしたところ。②食べやすいよう各部に切り分けたところ。

●作り方

1　鯛は3枚におろして切り身につくり、頭は開いてさばき（106頁）、霜降りしておく。

2　豆腐は奴に切り、長ねぎは長めの斜め切り、えのき茸は石づきを切って食べやすいようにほぐしておく。

3　みつばは6〜7㎝に切る。

4　薬味の海苔はもんで細かくし、万能ねぎは小口から刻んでおく。カボスやダイダイを絞って醤油と合わせ、ポンス醤油（159頁）をつくる。

5　鍋に水と昆布を入れて火にかけ、沸騰してきたら鯛を入れ、さらに豆腐とその他の野菜も入れる。煮えたら、薬味を加えたポンス醤油でいただく。

マダイのさばき方

旬は春。刺身、焼き物、煮物、ご飯物と、どんな料理にも合う。鯛の骨（特に頭）は固いので、大きめの出刃包丁があると便利。

①
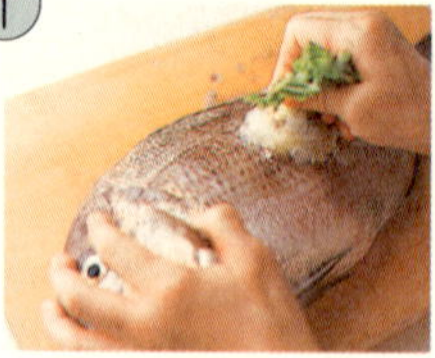
大根の切れ端でこすって、ウロコを落とす。

②
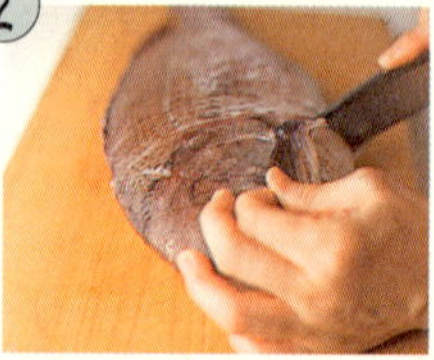
カマ下に包丁を入れ、切り込みを入れる。

③
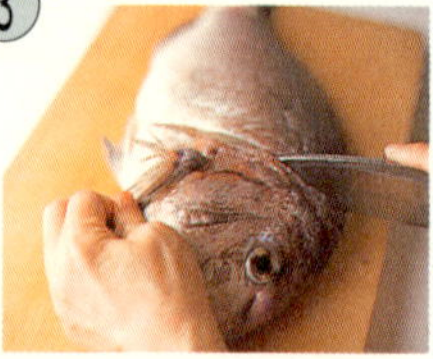
裏返して反対側も同様に切り込み、骨も切る。

④
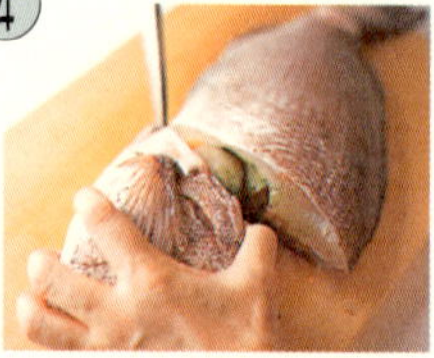
頭を引いて腹ワタごと一緒に取ったら、中を真水で洗う。

⑤

キッチンペーパーなどで、水気を丁寧に拭く。

⑥

背側から皮目に切り込みを入れる。

⑦
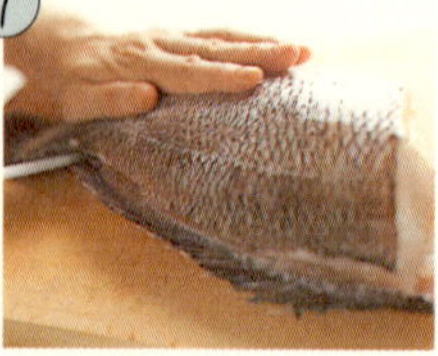
切り目から包丁を入れ、中骨に沿って切っていく。

⑧
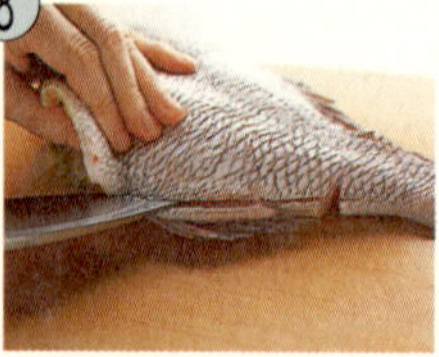
腹側からも同様に包丁を入れ、中骨に沿って切る。

⑨

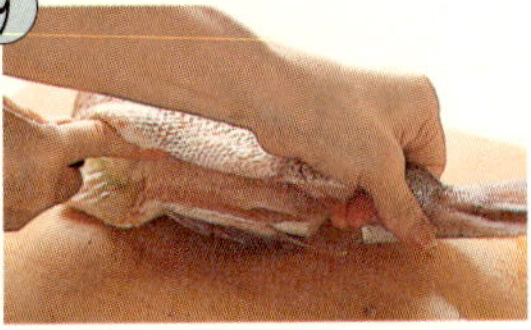

尾を持ち、中骨に沿って包丁を入れて切り離し、2枚におろす。

⑩

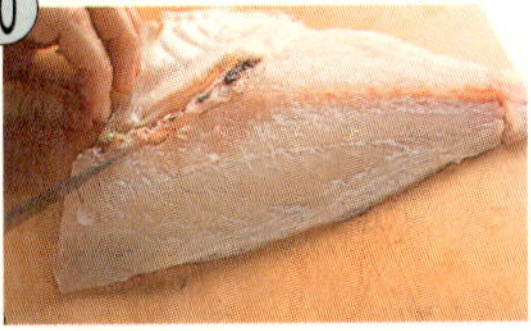

腹骨部分を包丁で切り込む。

⑪

包丁を斜めにして腹骨をすき取る。

⑫

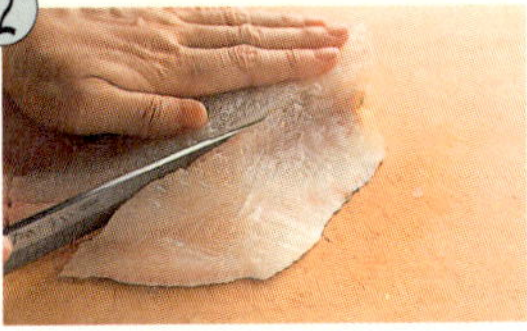

中骨を腹側の身に残すようにして、サク取る。

⑬

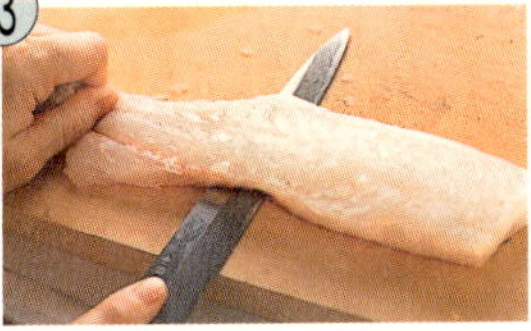

皮を引く場合は、包丁をまな板と平行に入れて削ぎ切る。

⑭

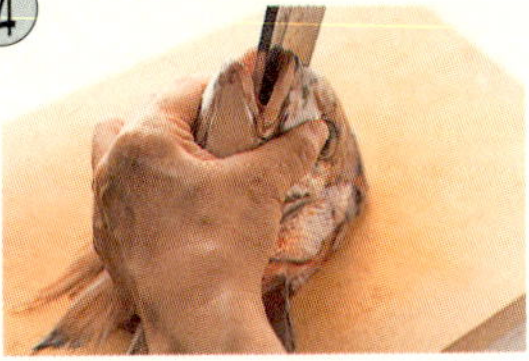

頭を割って使う場合は、まず口から包丁を入れる。

⑮

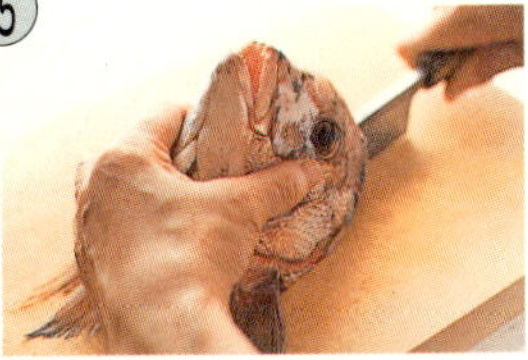

刃先をまな板につけて、下まで切り落とす。

⑯

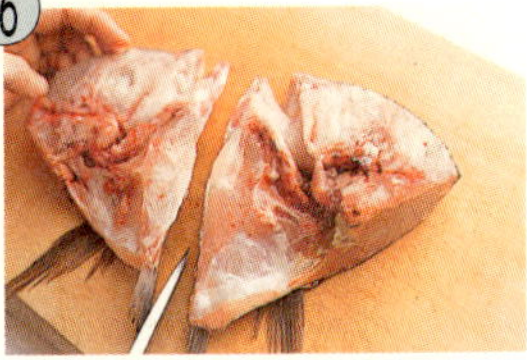

2つに広げ、さらに細かく切る。

⑰

各部に切り分けた。目は潰さないように注意。

牡蛎の土手鍋

練り味噌は冷めるとかなり固くなり、鍋に塗りやすくなります。鍋を火にかけると自然に汁に溶け込みますが、味噌が焦げつくこともあるので、鍋の縁に塗るのではなく、煮立てた鍋の数ヶ所に分けて置いてもよいでしょう。

●材料（2人分）

むき牡蛎400g　練り味噌（赤味噌100g　砂糖50g　酒大さじ2）　長ねぎ2本　焼き豆腐1丁　椎茸4個　春菊1/2束　昆布だし5カップ

●作り方

1　練り味噌の材料を合わせて火にかけ、固めに練っておく。

2　牡蛎は立て塩でふり洗い（159頁）し、水気を切っておく。

3　長ねぎは斜め切り、焼き豆腐は小袖切りにする。

4　練り味噌を鍋の縁に塗り、昆布だしを張って具を煮、味噌を溶きながら食べる。

※立て塩（159頁）＝海水程度の塩水のこと。

味噌を鍋の縁に塗る。

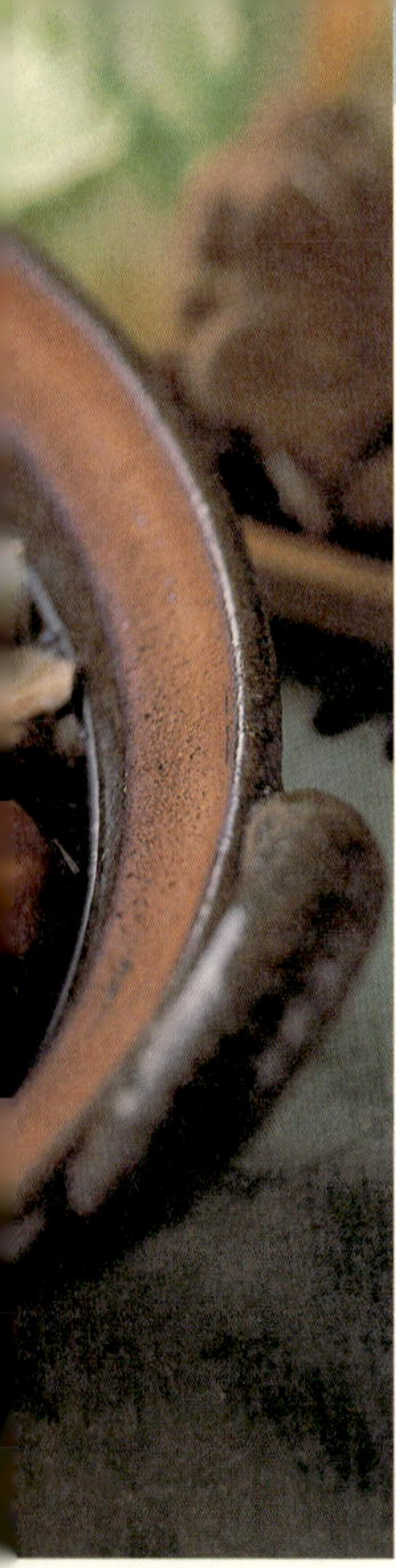

博多　鶏の水炊き

水炊きといえども、鶏ガラを煮たスープで鶏肉を煮る本格派の鍋料理。通常、鶏のだし汁は白く濁るくらいまで長時間煮出しますが、ここでは2時間ほどでも大丈夫。やわらかな春キャベツがよく合います。具をいただく前にスープを少し取り分けて、塩と白髪ねぎを加えて味わいましょう。

●材料(3～4人分)

鶏ガラ1羽分　鶏骨つき肉(ぶつ切り)½羽分　鶏ひき肉300g　A(卵1個　砂糖小さじ1　塩小さじ¼　しょうが汁小さじ1　長ねぎみじん切り大さじ5)　キャベツ適宜　にんじん1本　えのき茸1束　長ねぎ1本　椎茸4個　春菊1束　塩少々　ポンス醤油(カボスまたはダイダイ・醤油各適宜)

●作り方

1　鶏ガラを水洗いしてぶつ切りにし、一度湯通ししたものを水(2ℓ)から2～3時間煮て、漉してスープを作る。

2　ひき肉にAを混ぜ込み、12等分する。

3　キャベツは大きめに切り分け

鶏ガラでスープを作る。

ておく。

4　にんじんは半角切り、えのき茸は石づきを取ってほぐしておく。

5　長ねぎは1/4本で白髪ねぎ（158頁）を作り、残りは斜め切りにする。椎茸と春菊は食べやすく切っておく。

6　鍋にスープを煮立てたら、少し器にとって塩少々と白髪ねぎを加えて味わう。

7　鶏肉を入れ、**2**のひき肉は丸めてつみ入れ、野菜も加えて煮る。

8　ポンス醤油（159頁）でいただく。

※最後に、うどんや餅を入れて煮たり、ご飯を加えて雑炊などにしても。

秋田 きりたんぽ鍋

炊きたての新米を、餅のようにすりこぎなどでぺたぺたと突いてつくる「きりたんぽ」。かつては、その棒を囲炉裏の火の周りに差して焼き目をつけました。焼き網を強火で焼いて、はじめはかざして表面に膜ができたら網の上におき、焼き目をつけます。食べるときは、煮崩れる前にすぐ取り出すこと。

●材料（4人分）

新米2カップ　鶏むね肉2枚　ごぼう½本　焼き豆腐1丁　長ねぎ2本　糸こんにゃく1玉　舞茸1パック　せり1束　春菊½束

煮汁（だし汁5カップ　淡口醤油150cc　みりん大さじ4　砂糖大さじ4）

●作り方

1 炊きたての新米をすりこぎなどで半づきにし、塩水を手につけて¼ずつとり、棒に竹輪状に巻きつけて形づくり、焼いて斜めに切っておく。

2 鶏肉は大きめのひと口大に切り、ごぼうはささがきにする。

3 焼き豆腐は縦半分に切り、厚さ1.5cmに切る。

4 長ねぎは焼き目をつけて、長さ4cmに切る。

5 糸こんにゃくは茹でてザルにとり、長さ8cmに切る。

6 舞茸、せり、春菊は、食べやすく切る。

7 煮汁にごぼうを加えて熱し、沸騰してきたら鶏肉とその他の具を加える。

8 きりたんぽは食べる直前に鍋に入れ、あたたまったらすぐに取り出す。

①すりこぎでご飯を半づきにする。②棒に巻く。③巻き終わったところ。④焼き網で焼いて焼き目をつける。

牛乳鍋

あまり勢いよく煮立てずに、ふつふつとなるぐらいの火で煮ましょう。はじめに調味しただし汁で肉団子だけ煮ておいて、あとから野菜と牛乳を加えてもOK。お好みでポテトや白菜、キャベツなどを入れるときは、下茹でしてから入れましょう。

●材料（2～3人分）
豚ひき肉300g　A（長ねぎみじん切り大さじ1　しょうがみじん切り小さじ1　卵［小］1個　塩ひとつまみ　砂糖小さじ½）　チンゲン菜2束　長ねぎ1本　にんじん½本　カリフラワー½個　しめじ1パック　煮汁（だし汁4カップ　牛乳1カップ　塩小さじ1強　淡口醤油小さじ1　しょうが汁小さじ2）

●作り方

1　ひき肉にAを混ぜ込み、丸めて肉団子を作る。

2　チンゲン菜は茎と葉に分けて切っておく。

3　長ねぎは薄めの斜め切りにし、にんじんは短冊切りにして下茹でしておく。

4　カリフラワーは小房に分け、酢少々を加えた熱湯で茹でておく。

5　しめじは石づきを取って小房に分ける。

6　鍋に煮汁を調味して、まず肉団子を煮てから、その他の具を入れる。

※最後に、ご飯やうどんを入れて食べてもおいしい。

水菜と豚三枚肉のしゃっきり鍋

加熱時間が短くても中まで火が十分通るように、三枚肉はなるべく薄いものを使います。最後はスープを煮立ててアクをすくい、塩、こしょうで調味し、ご飯やうどんを入れていただきましょう。

●**材料**（3～4人分）
豚三枚肉（薄切り）400g　長ねぎ½本　水菜1束　酒3カップ　水1カップ　大根おろし1カップ　ポンス醤油（またはレモン醤油）適宜

●**作り方**
1　長ねぎは縦4つに切って、小口から刻んでおく。
2　水菜は3等分に切っておく。
3　鍋に酒と水を入れて火にかけ、沸騰してきたら豚肉、水菜を加える。
4　豚肉に火が通ったら、大根おろしと長ねぎを加えたポンス醤油でいただく。
※三枚肉＝バラ肉のこと。

切って用意した具。

料理長のおすすめ

本日の特選コースメニュー

各項目より、お好きなメニューを
一品ずつお選びください。

三足金箔皿8000円、巻中皿3000円、点々ゴブレット3500円(ともに荒木桜子 作)

お造り・前菜

薄切りにしたたこを皿に並べ、塩とレモン汁をふったら冷蔵庫へ。

たこのカルパッチョ

料理長のおすすめ

最近はスーパーなどでも、刺身用にさっと霜降りされた鮮度のいい生食に近い「たこ」も手に入るようになりました。新鮮なたこの身は、薄切りにすると切りにくい皮も自然にはがれてくれます。吸盤はやわらかくて味があるので、切り取って一緒に盛りつけましょう。

●材料(3～4人分)
たこ(刺身用の生食に近いもの)200g　塩小さじ1/4　レモン汁小さじ2　玉ねぎ少々　ドレッシング(オリーブ油大さじ2　レモン汁小さじ1　醤油小さじ1/2)　大葉2枚　粗びきこしょう少々

●作り方

1　刺身用のさっと霜降り(158頁)したたこを薄切りにして皿に並べ、塩とレモン汁をふって冷蔵庫に入れておく。

2　玉ねぎはみじん切りにして水気を絞り、ドレッシングの材料と混ぜ合わせる。

3　2を1に均等にかけ回す。

4　大葉は丸めてごく細い千切りにして全体に散らし、粗びきこしょうをふる。

MONTRACHET

いかの和え物三種

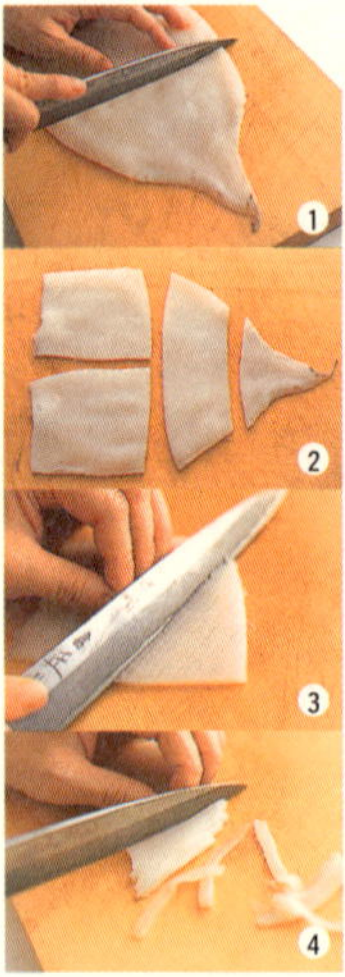

①さばいたら切り分ける。②三種分の切り身に切ったところ。③１枚は松笠烏賊に切る。④その他は糸造りにする。

いかの大きさによってとれる刺身の量は違ってきます。ゲソなどの残りの部分は、ワタ焼きなどにしていただきましょう。霜降りはあくまで瞬間的にして、すぐ冷水にとります。

●材料（3～4人分）

スルメイカ（刺身用）1ぱい　青海苔適宜　明太子¼腹　酒少々
うずら卵2個

●作り方

1　スルメイカをさばいて（122頁）胴の部分を開き、三種分の切り身

に切り分ける。

2　1枚は、格子状に斜めに包丁を入れて松笠烏賊に切り、さっと霜降って四角く切り分け、青海苔をまぶす。

3　1枚は、さっと霜降って糸造りにし、皮目に切れ目を入れてこそげ出した明太子を酒少々でのばしたもので和える。

4　1枚は糸造りにして、器に丸く積み上げて盛ってうずら卵の黄身をのせる。うずら卵は、丸いほうを包丁で切り取って黄身を手に受け、そっといかにのせる。

※松笠烏賊＝いかに格子状に細かく包丁目を入れ、加熱したもの。切り口が松かさのようになる。

スルメイカのさばき方

コレステロールや中性脂肪を減らす効果のあるタウリンを多く含有。夏から秋にかけてが旬で、最も多く出回る種類はスルメイカ。

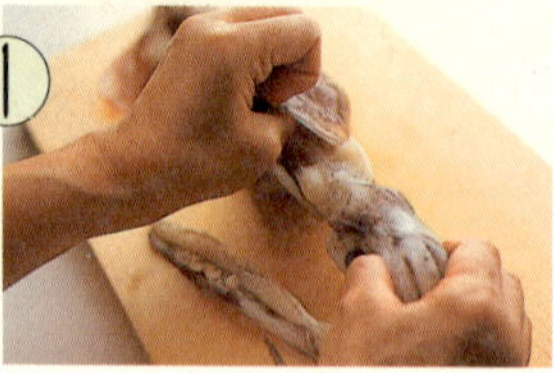

① 胴とワタの間に親指を差し込み、胴とワタのつけ根を切り離す。

② 墨袋を破らないように、足とワタを一緒に引き抜く。

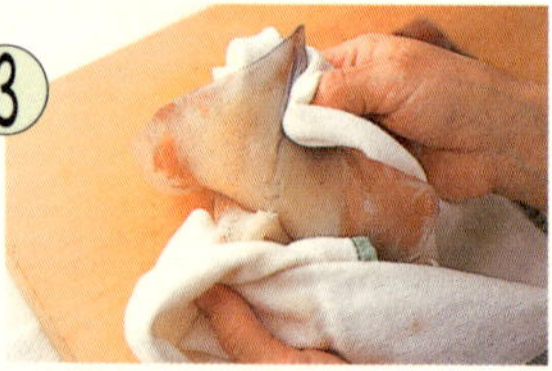

③ エンペラの先を身からはずし、つけ根は一気に引き離す。

④ 滑り止めとして布巾で持ち、エンペラをはずしたところ。皮はついたまま。

⑤ 先のほうについた皮を丁寧にはがし、エンペラとともに皮をはいでいく。

⑥

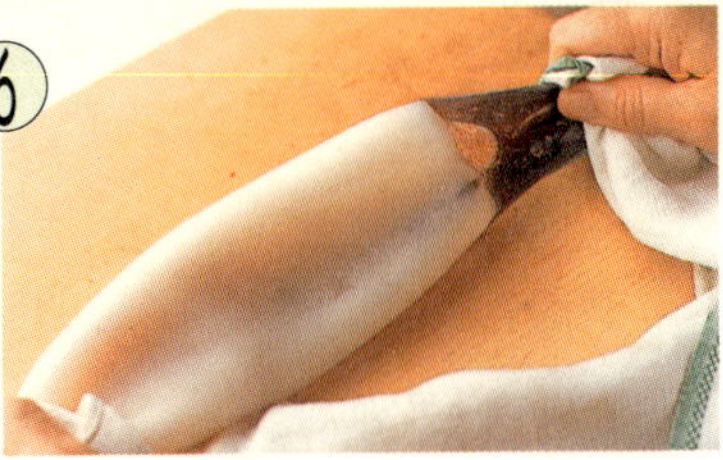

最後まで丁寧にはがす(いかの筒むき)。

⑦

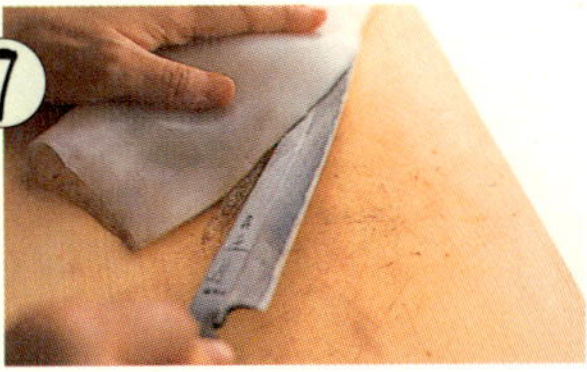

エンペラのつけ根を横にして包丁で切り開く。

⑧

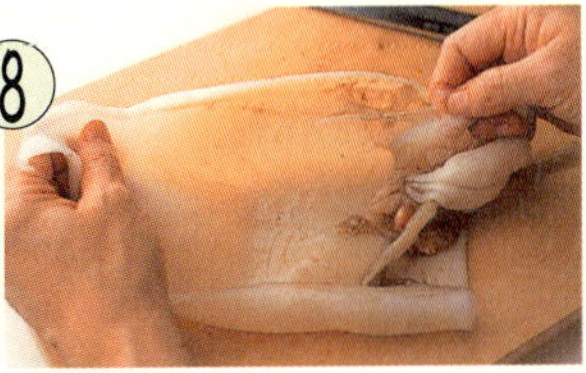

開いたら不要な内蔵は取り除き、真水で洗う。

⑨

足のつけ根の軟骨のところでワタを切り離す。

⑩

各部に切り分けたところ。

さらし玉ねぎとナッツのサラダ

玉ねぎは薄切りにして、辛みが適度にとれるまで水にさらします。松の実は焦げやすいので、少し色がついたらすぐ器に移しましょう。

●材料（2人分）
玉ねぎ150g　松の実大さじ2　桜えび¼カップ　白ごま大さじ½　大葉2枚　ドレッシング（酢大さじ1　醤油大さじ1　みりん小さじ½）

●作り方

1　玉ねぎは繊維に沿ってごく薄切りにし、30分ほど冷水にさらしておく。

2　松の実と桜えびは空煎り（158頁）して、粗刻みにする。

3　白ごまは煎ってから包丁で切って、切りごまにする。

4　大葉は粗みじん切りにする。

5　玉ねぎの水気をよく切り、器に盛ってドレッシングをかけ、その他の材料を天盛り（159頁）にする。

煎った白ごまを切りごまにする。

焼き物

穴子の白焼き

穴子は、身が丸まらないように串を打って焼きます。皮目に少し焼き色がつくと風味が増します。

●材料（2人分）

穴子（小ぶりで開いたもの）2尾
塩・酒各少々　タレ（醤油・みりん各大さじ1）　おろしわさび・醤油各適宜

●作り方

1　穴子の皮に沿って横から4本ほど金串を打ち、軽く酒と塩をふって、焼き網の上であぶる。

2　火が通ったらタレを塗り、さらにあぶる。乾いたらもう一度塗って軽くあぶる。

3　串を抜いたら熱いうちに食べやすく切り、器に盛って、おろしわさびと醤油を添える。

プレート3000円、ぐい呑3000円
（ともに高橋弘子 作）

牛肉の野菜巻き焼き（特製つけダレ）

長さ5cmに切り分けた野菜。

形を整えて売られているしゃぶしゃぶ用の赤身の薄切り牛肉が便利。はじめに、巻き終わりを下にして焼き、あとは3～4回転がして少し焼き色をつければ、肉に火が通ります。

●材料（2～3人分）

薄切り牛肉（しゃぶしゃぶ用）200g
セロリ1/4本　きゅうり1/2本　万能ねぎ2～3本　つけダレ（醤油大さじ2　みりん大さじ1　酒小さじ1　おろし玉ねぎ大さじ2　酢小さじ1　だし汁1/4カップ）
サラダ油適宜　七味唐辛子適宜

●作り方

1　セロリときゅうりは長さ5cmの太めの千切りにし、万能ねぎは長さ5cmに切っておく。

2　牛肉は8cm以下の幅に切り揃え、等分に分けた野菜を中に巻いておく。

3　つけダレを調合して火にかけ、沸騰したらとろ火にして、5分ほど煮つめる。

4　フライパンに薄く油を敷き、野菜を巻いた牛肉を転がして焼く。

5　器に盛りつけて、つけダレを添える。

かますの天火干し

料理長のおすすめ

①3枚におろしたところ。②薄塩をふって水分が浮き出てきたら拭き取る。③天火干しにする。

かますの身は水っぽくておろしにくいのですが、とにかくおろして、天火で水分を飛ばしてから焼くと、旨みが増します。

●材料（2人分）

かます1尾　酒大さじ2　塩少々
カボス適宜　みょうがの梅酢漬け適宜

●作り方

1　かますを3枚におろし、薄塩をふってしばらくおき、塩がしっとりしたら水分を拭き取り、酒をふってしばらくおく。

2　ザルにとって、天火で3時間ほど干す。

3　焼き網で焼いて盛りつけ、好みでカボスやみょうがの梅酢漬け（157頁）などを添える。

焼締め中皿（荒木義隆 作）、ガラス高杯（荒木桜子 作）

スクエアプレート2500円、
ゆらゆら盃セット13000円
（ともに高橋弘子 作）

揚げ物

棒春巻き

シュレッドチーズより、ハード系のナチュラルチーズ（グリエール、エメンタールなど）を切って使うほうが巻きやすく味もよいです。のりは弧にあたる部分の縁全体に塗り、中に油が入らないようにします。

●材料（2人分）

かに（ほぐし身）½カップ　醤油小さじ½　ナチュラルチーズ100g　のり（小麦粉大さじ1　水大さじ1½）　春巻きの皮（市販のもの）4枚　揚げ油適宜

●作り方

1　かに身に醤油をまぶしておく。

2　ナチュラルチーズは、細長く切っておく。

3　小麦粉と水を合わせ、混ぜてのりをつくる。

4　春巻きの皮を半分に切り、広いほうに具を並べて縁にのりを塗り、きっちり巻く。

5　175℃の油できつね色になるまで揚げる。

①春巻きの皮に具をのせる。②のりを縁に塗る。③まず底辺を巻く。④両サイドを折ってから巻く。⑤でき上がり。

ワイングラス（荒木桜子　作）

アイナメの唐揚げ しょうがあん

料理長のおすすめ

アイナメは皮目近くまで骨があるので骨切りしますが、1kg近くある大きなものは中骨を抜いたほうが無難。活き締めしたものを刺身や洗い、または唐揚げに。肝も珍味。

●材料（4～5人分）

アイナメ1尾　片栗粉適宜　煮汁（だし汁1カップ　淡口醤油大さじ2　醤油大さじ1　砂糖大さじ1　みりん大さじ1）　しょうが汁大さじ2　インゲン100g　揚げ油適宜

●作り方

1　アイナメはウロコを包丁で引いて、3枚おろしにする。

2　腹骨をすき取って骨切り（159頁）し、2～3切れに切って片栗粉をまぶす。

3　170℃の油で揚げたら煮汁を煮立てた中に入れ、しょうが汁を加えて煮汁をからませる。

4　インゲンを塩茹でし、アイナメと一緒に盛りつける。

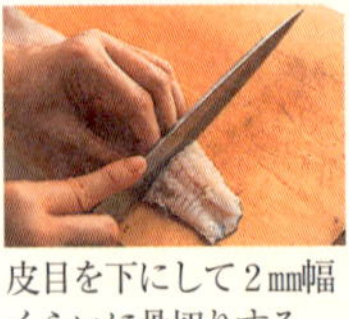

皮目を下にして2㎜幅くらいに骨切りする。

アイナメのさばき方

身はやわらかくて、味は淡泊。旬は6月で、新鮮なものは刺身でもうまい。ぬめりのあるウロコは、まず最初にきっちり取ること。

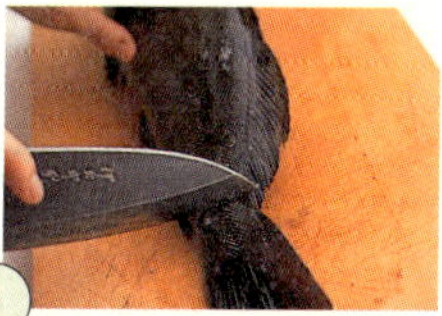

①包丁の刃先を斜めに当てて、削ぐようにウロコを取る。

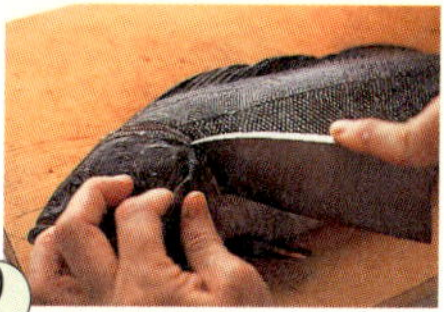

②カマ下に包丁を入れ、頭に切れ目を入れる。

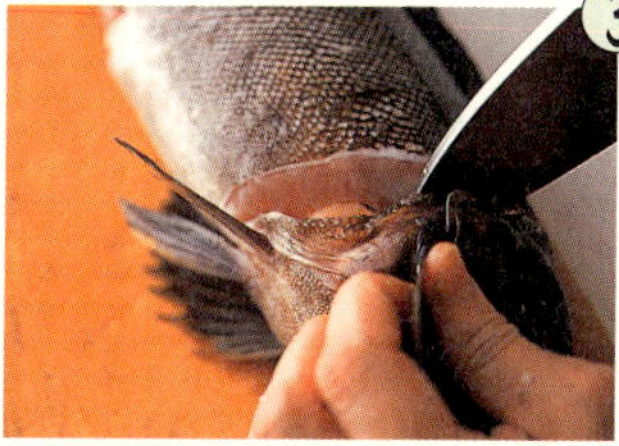

③裏返して反対側からも切り込み、骨を切って頭を落とす。

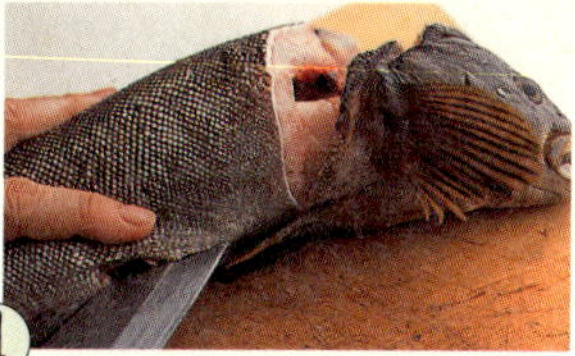

④腹側から中骨に沿って切れ目を入れる。

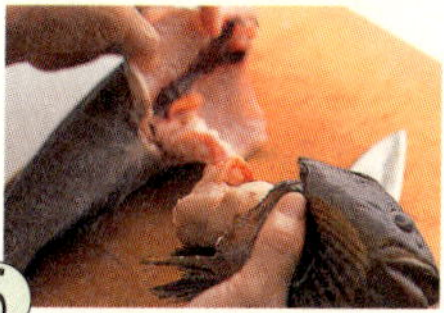

⑤頭を持って、内蔵ごと頭を取る。

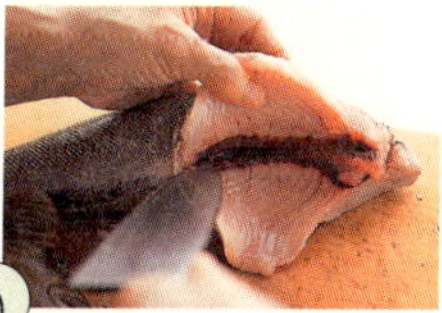

⑥腹を開いたら薄皮を切り、外側と腹中を真水で洗う。

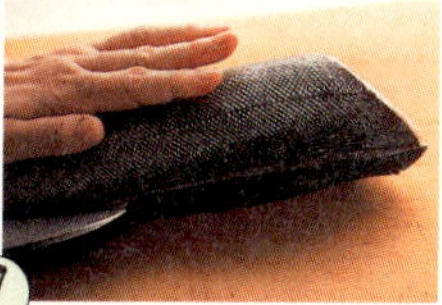

⑦背側から中骨に沿って皮の厚さだけ切り込み、ガイドラインをつける。

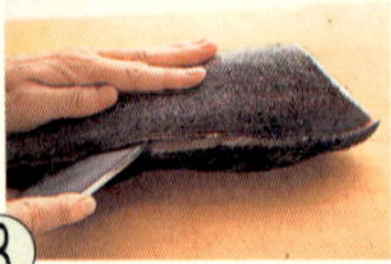

8
ガイドラインに沿って深く切り込む。

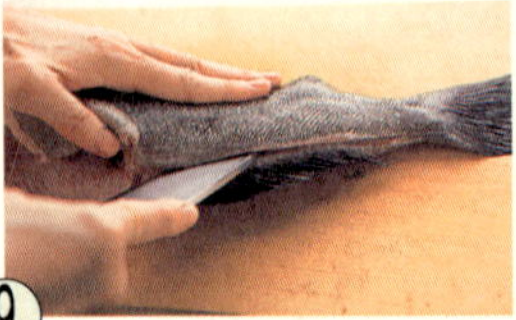

9
返して、腹側からも同様にガイドラインをつける。

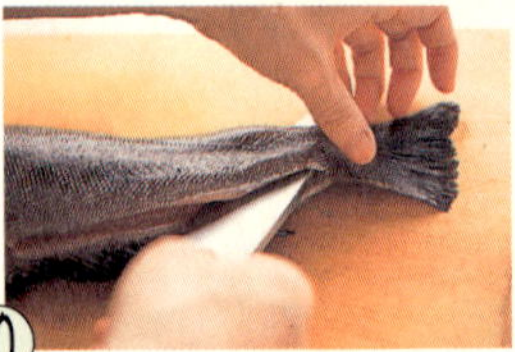

10
尾のつけ根の手前に切り込みを入れる。

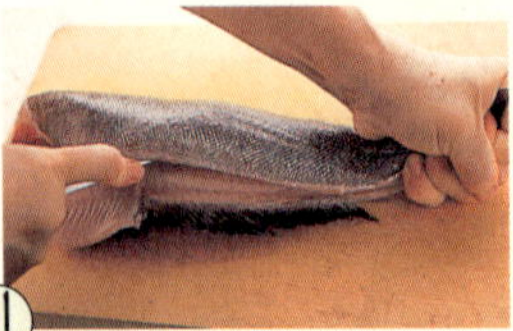

11
左手で尾を持ち、中骨に沿って包丁を入れ切っていく。

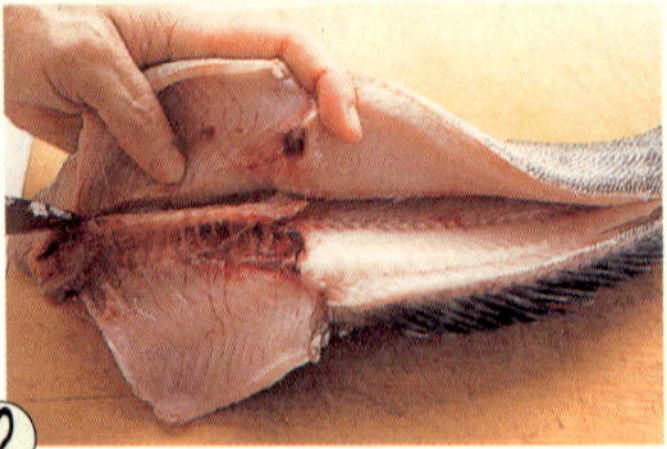

12
腹を開いて固い骨の部分を切り取る。

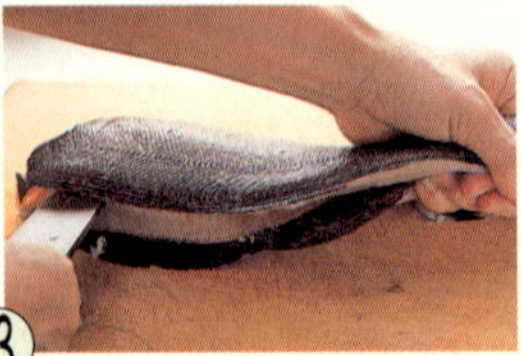

13
反対側も同様にして、中骨に沿って切る。

14
3枚におろしたところ。

15
腹骨をすき取る前に、刃先で中骨を切り離しているところ。

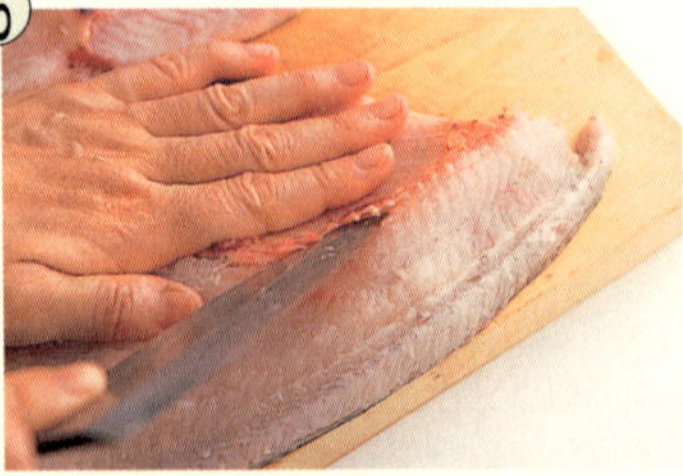

呉須線長角皿1500円(大文字)

白身魚の変わり揚げ

カジキの仲間は身が締まっていて扱いやすく、形も整えやすいので、サイの目に切ったり、細長く加工してもよいでしょう。

●材料(2人分)
白身魚の切り身2枚　塩・こしょう各適宜　小麦粉少々　卵1個　アーモンドクラッシュ½カップ　揚げ油適宜　ソース(ケチャップ・マヨネーズ・砂糖・各大さじ1)

●作り方
1　白身魚は食べやすい大きさに切り分け、塩、こしょうをふっておく。
2　小麦粉を薄くはたき、割りほぐした卵にくぐらせてアーモンドクラッシュをつけ、170℃の油で揚げる。
3　ソースの材料をよく混ぜ、好みでカットレモンとともに添える。

右・織部小皿（荒木義隆 作）

煮物・蒸し物

イワシ揚げおろし汁

鮮度が命のイワシは、新しいものほどウロコがしっかり残っています。ウロコはとれやすいので、包丁で軽くこそげるだけで大丈夫。

●材料（2人分）

真イワシ（大）2尾　下味（醤油・酒・しょうが汁各小さじ1/2）　片栗粉適宜　つゆ（だし汁1カップ　淡口醤油大さじ2　砂糖大さじ1　みりん大さじ1）　大根おろし1/2カップ　青ねぎ小口切り適宜　揚げ油適宜

●作り方

1　イワシは頭を落としてワタを取り出し、水洗いしてから手開きにして3枚におろす。

2　下味をつけてしばらくおき、片栗粉を薄くまぶして170℃の油で揚げる。

3　骨もからりと揚げておく。

4　つゆを調合してひと煮立ちさせ、大根おろしを加えてさらにひと煮立ちさせる。

5　器にイワシを盛りつけ、4をかけて青ねぎを散らし、揚げた骨も添える。

イワシの手開き

13㎝以上の大ぶりの真イワシは8月～10月にかけてが旬。身がやわらかい魚なので、包丁ではなく手開きにする。

えらの下から包丁を入れ、頭を落とす。

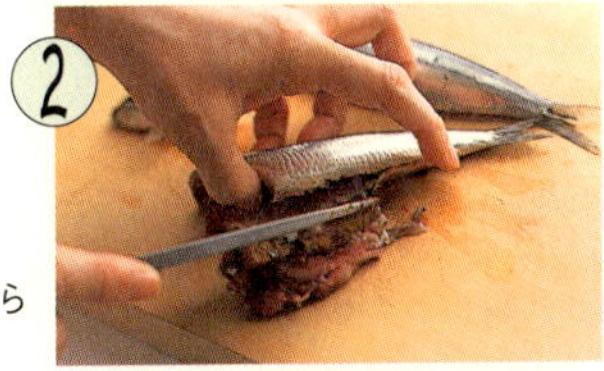

腹ワタをかき出したら真水で洗う。

背骨に沿って親指をすべらせるようにして開く。

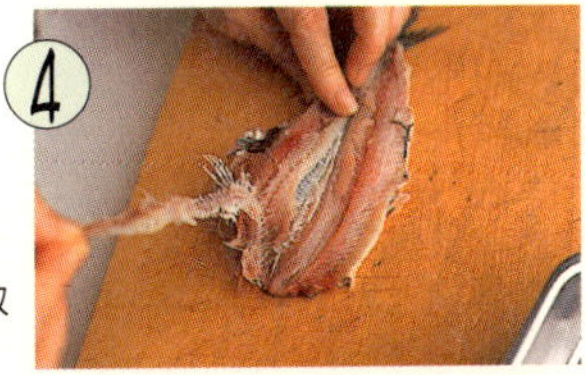

背骨を尾のほうから取ってはがす。

包丁を斜めに入れ、腹骨をすき取る。

3枚おろし。お造りにする場合は皮もはぐ。

キンメのそば蒸し

料理長のおすすめ

冬場の旨みが強いキンメでつくりたい一品。予算が許せば、高級魚の甘鯛を使っても。小ぶりのキンメなら一尾買ってきて3枚におろし、片身はそば蒸しや煮つけに、もう片身は塩焼きで。

●材料(2人分)

キンメダイ(切り身)2切れ　塩・酒各少々　青ねぎ2〜3本　海苔1/2枚　そば1/2束　そばつゆ(だし汁3/4カップ　醤油大さじ1　淡口醤油大さじ1/2　砂糖大さじ1/2　みりん大さじ1)　おろししょうが適宜

●作り方

1　キンメに薄く塩をふり、しばらくおいてから蒸し器に入れて酒をふりかけ、10分ほど蒸す。

2　青ねぎは小口から薄切りにし、海苔は布巾などに包んでもんでおく(73頁)。

3　そばを茹でたら、水にとって冷ます。

4　蒸したキンメとそばを器に盛り、ひと煮立ちさせたそばつゆを張って、蒸し器で3分蒸す。

5　おろししょうがをのせ、海苔と青ねぎを散らす。

①蒸し器で10分蒸す。②蒸し上がったキンメ。③さらに3分蒸す。

野菜の福袋

深中皿4800円
（高橋弘子 作）

①れんこんは酢水でアク抜きする。②下ごしらえした具。③油揚げは茹でて油抜きをする。④油揚げの袋に具をつめる。⑤かんぴょうで結ぶ。

福袋が煮汁から顔を出していたら、落とし蓋をして煮ること。煮上がるころには煮汁はかなり減っていますが、落とし蓋をすれば、煮汁を均等に行き渡らせて煮ることができます。

●材料（2人分）

かんぴょう15g　れんこん15g　にんじん15g　椎茸3枚　キクラゲ少々　しらたき¼玉　油揚げ2枚　切り餅1枚　煮汁（だし汁2カップ　砂糖大さじ2　醤油大さじ2½　酒大さじ1）

●作り方

1　かんぴょうは水で洗い、塩でもんで20分おき、さらに水洗いする。

2 れんこんはいちょう切りにして、酢水につけてアク抜きする。
3 にんじんは千切り、椎茸は薄切り、キクラゲは水で戻して千切りにしておく。
4 しらたきは茹でて3㎝の長さに切り、餅はサイの目に切っておく。
5 油揚げを半分に切って袋にし、熱湯で茹でて油抜きをする。
6 油揚げの袋を裏返して野菜と餅をつめ、かんぴょうで結ぶ。
7 結び目を下にして、はじめはだし汁で煮て、かんぴょうがやわらかく煮えたら砂糖を加えてしばらく煮、醤油、酒を加えて煮上げる。

締めの一品

料理長のおすすめ

鯛茶

茶漬けにするときは、ご飯は普段より少なめにこんもりと盛りつけ、その上に具をのせます。熱々を注いだとき、具が汁から少し上に出ているくらいが調度よい量。だし汁の代わりに、熱々の番茶を注いでも。

●材料（2人分）

鯛（上身）200g　A（醤油小さじ2　みりん小さじ1　練りごま小さじ1　煎りごま小さじ1）　万能ねぎ少々　生わさび適宜　焼き海苔適宜　だし汁（だし汁2カップ　淡口醤油小さじ1/2　塩小さじ1/3）　ご飯適宜

●作り方

1　鯛の上身をそぎ造りにして、Aの中にしばらく漬ける。

2　万能ねぎは小口から切り、生わさびはおろして、海苔はもんで小さくしておく。

3　だし汁を調味して、火にかけておく。

4　ご飯に鯛をのせ、万能ねぎと海苔を散らして、熱々のだし汁を張る。好みでおろしわさびを添える。

※上身＝魚を3枚におろして腹骨などを除いたもの。

そぎ造りにした鯛。好みの量をご飯にのせて。

冷や汁

料理長のおすすめ

①下ごしらえした具。②味噌を加え混ぜる。③へらに味噌をのせる。④直火にかざして香ばしく焼く。⑤アジを加えてすり混ぜる。

宮崎の郷土料理として有名ですが、昔、夏のスタミナ食として農村で食べられていたもの。野菜はきゅうりの他に、みょうがやなすなどを刻んで加えてもよいでしょう。

●**材料（2人分）**

アジの干物1枚　きゅうり$\frac{1}{2}$本　豆腐$\frac{1}{4}$丁　長ねぎ3㎝　白ごま大さじ2　味噌大さじ$2\frac{1}{2}$　だし汁2カップ　麦ご飯（麦：米の2～3割）適宜

●**作り方**

1　アジの干物を焼き、骨を取り除いてほぐす。

2　きゅうりは薄く輪切り、豆腐はサイの目、長ねぎは5㎜角に切っておく。

3　白ごまを煎って当たり鉢ですり、味噌を加え混ぜて、へらなどにとって直火にかざして焼いてから戻す。さらにアジを加えてすり混ぜる。

4　冷ましただし汁で**3**を溶き、**2**を散らした麦ご飯にかける。

油揚げと大根の釜飯

葉つき大根を手に入れたら、葉の色が変わらないうちに作りましょう。外側の葉は、固かったり傷んだり、色が変わっていたりするものが多いので、内側のきれいな葉を使います。

●材料（2人分）
米1.5カップ　だし汁350cc　油揚げ1枚　大根50g　調味料（醤油大さじ1　酒小さじ1/2）　大根の葉200g　ごま油小さじ2　醤油小さじ2　白ごま大さじ1

●作り方

1　米は研いでザルに上げて水気をよく切り、だし汁に30分ほど浸しておく。

2　油揚げは熱湯で茹でて油抜き（140頁）してから縦半分に切り、幅4㎜に切る。

3　大根は長さ2㎝の薄い短冊切りにする。

4　1に調味料の醤油と酒を加えて混ぜ、油揚げと大根を加えて釜で炊きはじめる。

5　大根の葉はよく洗って小口から5㎜幅に刻み、ごま油で炒めて軽く醤油で調味し、白ごまをたっぷりふる。

6　釜が沸騰してきたら火を中火にして煮立て、水気がほぼ引いたらとろ火にして10分ほど炊き、火を止める。

7　10分蒸らして、炊き上がった釜飯を底からふっくらと混ぜてから器に盛り、炒めた大根の葉を天盛り（159頁）する。

①大根の葉はきれいなものを使う。②5㎜幅の小口切りに。③ごま油で炒める。

鶏煮込み素麺

食べやすさからは骨なしの肉がよいですが、もちろん骨つき肉をぶつ切りにしたものでも。野沢菜などの漬物を少し刻んで加えてもおいしい。

●材料(2人分)
鶏もも肉1枚　干し椎茸2枚　だし汁4カップ　酒大さじ½　塩小さじ2　素麺3束　みつば5～6本　こしょう少々

●作り方
1　鶏もも肉はひと口大に切って霜降り(158頁)し、干し椎茸は水で戻して石づきを取っておく。
2　鶏肉と干し椎茸を、酒と塩を加えただし汁で30分煮る。
3　素麺を1分ほど茹で、水気を切って2に加え、5分ほど煮る。
4　みつばを長さ3cmに切って加え、器に盛ってこしょうをふる。

ひと口大に切った鶏肉を霜降りする。

ひらりの小皿2500円（荒木桜子 作）、つちめスプーン300円（大文字）

メロンシャーベット

料理長のおすすめ

本日のデザート

緑色のしっかり熟れたメロンでつくります。あまり固く凍らせてしまうと、ミキサーにかけるにしても、取り分けて食べるにしても困難になるので、ある程度固まったら途中でよく混ぜ返しましょう。

●材料（4～5人分）

メロン（正味）300g　砂糖½カップ　熱湯½カップ　生クリーム大さじ2　レモン汁小さじ1　リキュール（グラン・マルニエなど）大さじ1　ペパーミントの葉適宜

●作り方

1　メロンは¼は角切り、残りはざく切りにして凍らせる。

2　砂糖を熱湯で溶かし、凍らせたざく切りのメロン、生クリームとともにミキサーにかける。

3　レモン汁とリキュールを加えて混ぜ、冷凍庫で少し固める。

4　シャーベット状になったら角切りにしたメロンを混ぜ、器に盛ってペパーミントを飾る。

※正味＝料理に使わないところを除いた部分。

オレンジチーズケーキ

焼締め輪花皿(荒木義隆 作)、つちめフォーク300円(大文字)

①ゼラチンをふやかす。②オレンジジュースを絞る。③クリームチーズは最初ヘラを使って混ぜる。④砂糖を混ぜ込む。⑤オレンジジュースを少しずつ加える。⑥型に入れ、出てきた泡は竹串などでつぶしておく。

ゼラチンは固まるのが遅いので、急ぐ場合は量を多めに。ゼラチンを溶かしたら、濾し器を通して余分な固まりは取り除きます。ガラスの器に1人分ずつ固めても。

●材料(4~5人分)

クリームチーズ100g　オレンジ3~4個　粉ゼラチン15g　水大さじ3　砂糖80g　レモン汁大さじ2　オレンジキュラソー大さじ1　牛乳½カップ　生クリーム¾カップ　サラダ油少々

●作り方

1　ゼラチンを水の中に混ぜながらふり入れ、ふやかしておく。

2　オレンジは2～3個を絞って1.5カップ前後のジュースをとり、1個は飾り用に皮をむいておく。
3　クリームチーズはホイップしてやわらかくしておき、砂糖を混ぜ込む。
4　オレンジジュースを3に少しずつ加え混ぜ、レモン汁とオレンジキュラソーも加える。
5　牛乳をあたため、ふやかしたゼラチンを加えて溶かし、4に加える。
6　生クリームを半立てにして5に混ぜ込み、サラダ油を薄く塗った型（直径15㎝）に流し込んで冷蔵庫で冷やし固める。
7　器に盛って、オレンジと生クリームをあしらう。

焼きりんごのアイスクリーム添え

料理長のおすすめ

オーバルプレート3000円（高橋弘子 作）

あまり味気のないりんごでも、おいしくなってしまう焼きりんご。オーブントースターや上火のグリルでも上手に焼けます。

●材料（2人分）

りんご（紅玉）2個　バター30g　黒砂糖½カップ　シナモンパウダー小さじ1　バニラアイスクリーム（市販）適宜

●作り方

1　耐熱容器に⅓量のバターを塗り、8等分して種の部分を取り除いたりんごを並べる。

2　黒砂糖とシナモンパウダーを混ぜ合わせ、りんごにかけて、残りのバターを散らす。

3　160℃のオーブンで25分焼く。

4　器に盛って、アイスクリームをあしらう。

①耐熱容器にバターを塗る。②8等分にしたりんごを容器に並べる。③バターを散らしてオーブンで焼く。

かぼちゃのスフレ

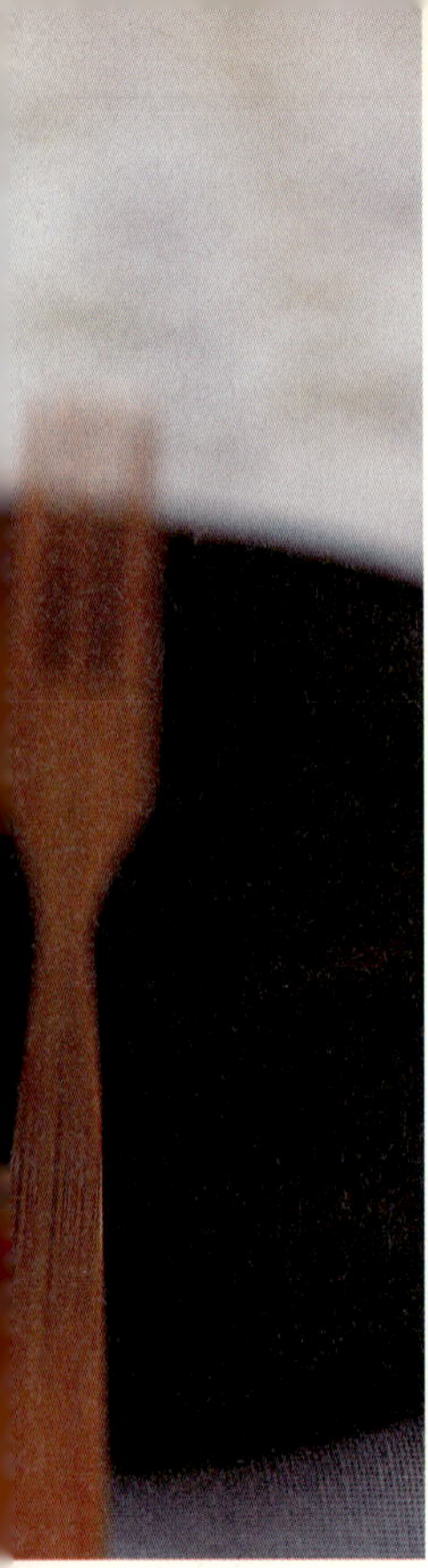

①やわらかくなるまでかぼちゃを茹でる。②合わせた材料をミキサーにかける。③泡立てた卵白をさっくり混ぜ込む。

かぼちゃの皮は固くてむきにくいので、まな板の上で皮だけ薄切りするようにして取り除きます。卵白を混ぜる前の状態でも十分おいしいので、急ぐときは器にぽってりと盛って、生クリームを添えても。

●**材料（2人分）**

栗かぼちゃ（正味）250g　塩ひとつまみ　A（卵黄1個　おろしチーズ50g　砂糖50g　牛乳½カップ）　卵白1個

●**作り方**

1　かぼちゃは皮をむいてワタをとり、ひと口大に切ってひたひた（159頁）の水を加えた鍋で、塩ひとつまみ加えてやわらかくなるまで茹でる。

2　1に混ぜ合わせたAを加え、水分ごとミキサーにかける。

3　強く泡立てた卵白をさっくりと混ぜ込み、耐熱容器に移す。

4　200℃のオーブンで20分焼く。

かんたん漬物

手軽に
作れて
酒の肴にも
合う！

ピクルス

◎材料

カリフラワー½個　にんじん(小)1本　小玉ねぎ5〜6個　酢1½カップ　砂糖大さじ3　白ワイン¼カップ　粒こしょう小さじ1

◎作り方

1　カリフラワーは小房に分けて、酢少々を加えた熱湯でさっと茹でて水気を切る。

2　にんじんは長さ3㎝の柱に切り、小玉ねぎは皮をむいてさっと茹で、水気を切る。

3　野菜が熱いうちに容器に入れ、酢、砂糖、白ワイン、粒こしょうを入れて蓋をし、ゆすって混ぜる。

4　冷蔵庫で保存し、4〜5日で食べられる。

★ワンポイント

酢は日本の米酢とワインビネガーとでは風味がかなり違ってくるので、好みのほうを使って。月桂樹の葉や市販のピクリングスパイスを加えると本格的に。

蔓巻鉢4000円（荒木桜子 作）

カリフラワー・にんじん・小玉ねぎのピクルス

梅酢漬け

みょうが・しょうがの赤梅酢漬け

◎材料
みょうが100g　しょうが100g
赤梅酢1.5カップ

◎作り方

1　みょうがは5～6秒霜降ってザルにとり、水気を切ってすぐに赤梅酢(158頁)に漬け込む。

2　しょうがは皮をむいて千切りにし、7秒霜降ってザルにとり、水気を切ってすぐに赤梅酢に漬け込む。

3　冷蔵庫で保存し、4～5日で色と味が染み込む。

銀水玉なぶり皿1700円(大文字)

★ワンポイント

保存がきいて、焼き物の前盛りやちらし寿司、他の漬物との彩りなどにも使えて便利。みょうがは大ぶりのものは半分に切って。しょうがは薄切りでも。

一夜漬け

大根の刻み漬け

◎材料
大根300g　大根の葉150g　塩大さじ1弱　カボスの絞り汁(または酢)大さじ1

◎作り方

1　大根はスライサーなどで千切りにし、葉は細かく刻む。

2　1に塩を加え混ぜて容器に入れ、重しをする。

3　一晩おいて水気を絞り、カボスの絞り汁をかける。

★ワンポイント

大根の葉は虫食い葉などを除き、内側のやわらかいところを使う。身は5㎝幅に輪切りにしてから繊維に沿って千切りに。2～3日で食べ切ること。

焼締め片口鉢
(荒木義隆　作)

料理用語解説

●赤梅酢
梅の実を塩漬けして重しをしたとき、実からしみ出した酸味の強い液が「白梅酢」。これを赤じそで紅色に染めた梅酢が「赤梅酢」。市販のものを使ってもよい(157頁)。

●炒り煮
材料を調味料と一緒に鍋に入れて加熱し、油を使わずに炒ること。材料を油で炒めてから仕上げる方法もある(35・45・97頁)。

●貝剥き
牡蛎や赤貝などの貝類をさばくときに、隙間に差し込み殻をこじ開けたり、貝柱をはがしたりするときに使うナイフ状の調理器具(40・42頁)。

●空煎り
水や油を使わずに材料を鍋やフライパンで煎ること。余分な水分を飛ばし、香ばしくする(36・73・124頁)。

●ころころに切る
アジやイワシなどの魚介をたたいたり、すり身にするときに、1cm角ぐらいに切ること(45・86・94頁)。

●三杯酢
合わせ酢の一つ。分量例：酢大さじ3、砂糖大さじ1、淡口醤油小さじ½、だし汁大さじ2(40・48頁)。

●塩ずり
フキやオクラなどの野菜の青臭さをとって、色鮮やかに仕上げたい場合に用いる。まな板の上に塩をふって、素材を手で転がす。「板ずり」ともいう(33頁)。

●白髪ねぎ
千切りにしたねぎを布巾に包み、ボールなどの水中でもんで水気を切ったもの。ねぎ独特の辛みやぬめり、臭みが抜ける。薬味などに(111頁)。

●霜降り
表面だけが白くなる程度に材料を熱湯に通す下ごしらえの方法。魚介類、肉類、水で戻した乾物などに用いる。ぬめりやにおい、余分な脂肪や水分を取り、表面を凝固させてうまみを逃さない(53・55・90・105・118・120・148頁)。

●醤油洗い
材料の下ごしらえの一つ。材料に少量の醤油をまぶして、余分な水分を切った状態(35頁)。

●酢洗い
材料の下ごしらえの一つ。材料を生酢や

合わせ酢に通してから使う。酢の物や和え物のときに(65頁)。

●**酢取りしょうが**

しょうがを千切りや薄切りにしてさっと茹で、甘酢に浸けたもの(84頁)。

●**たたき**

アジやイワシ、カツオなどの身を、包丁の刃で細かくたたく料理法。(63・83・86頁)。

●**立て塩**

海水程度の塩水のこと。水1カップに塩小さじ1ぐらいが目安(45・48・65・108頁)。

●**天盛り**

酢の物や煮物などを盛りつけたとき、針しょうがやゆずの皮、白髪ねぎなどの香りの物や薬味をひと箸分上に高く盛ること(124・146頁)。

●**ひたひた**

材料を鍋や容器に入れて汁を入れたとき、材料が顔を出すか出さないかのすれすれの浸かり具合の量(57・155頁)。

●**ふり洗い**

牡蛎やアサリなど味が抜けやすいものを、少量の塩水などでさっと洗うときに用いる。ボウルなどにたっぷりの塩水を用意し、材料をザルに入れて、ボウルの中ですすぐような感じでふりながら洗う(40・42・45・48・49・97・108頁)。

●**防風・いかり防風**

全国の海岸の砂地に自生するセリ科の多年草。正しくは「ハマボウフウ」。刺身のつまや酢の物のあしらいに使う。茎を針などで十文字に割いて水につけ、いかりのような形に曲がったものが、いかり防風(42頁)。

●**骨切り**

アイナメやハモなど、皮目近くまで小骨が多い魚に用いる調理法。皮目を下にして、皮1枚を残す感じで身に細かく包丁目を入れる(132頁)。

●**ポンス醤油**

「ポンス」とは主にダイダイの絞り汁のことだが、スダチやカボス、ユズ、レモンも用いる。ポンスに醤油を混ぜたものがポンス醤油(24・105・111・116頁)。

●**面取り**

大根やかぼちゃなどは長時間煮ていると切り口の角から煮くずれするため、あらかじめ角を薄く削ぎ取っておくこと(64頁)。

料理制作／猪股 慶子

昭和54年自宅にて懐石料理教室開始。平成６年管理栄養士国家資格取得。平成７年㈲フードアンドヘルス研究所設立。食品会社等のコンサルティング、メニュー開発、食と健康に関する講演、衛星デジタル放送料理番組制作監修、健康雑誌、単行本等の料理制作と執筆、懐石料理教室、健康弁当宅配会社のメニュー構成や栄養指導等に従事。
懐石料理教授、管理栄養士。

制作スタッフ

編集 ● 吉原 信成（編集工房桃庵）
デザイン ● 柳田 尚美（N/Y graphics）
撮影 ● 安田 裕（Yasuda Photo Studio）
スタイリング ● 渡辺 久子
書き文字・イラスト ● 矢沢 由実

撮影協力

信長 江美・平井 真澄・村井 旬一郎
（Yasuda Photo Studio）／石山 真理

●青山 双男（草の頭窯）
岐阜県多治見市小名田町4-3
☎0572-22-2950

●荒木 桜子（色工房）
京都府宇治市炭山久田60
☎0774-31-4434

●荒木 義隆（士半窯）
京都府宇治市炭山久田23岸田工芸村
☎0774-32-2066

●うつわのみせ 大文字
東京都渋谷区神宮前5-48-3
☎03-3406-7381

●器見世むつみ堂
新宿区下落合2-16-3

●岡 晋吾（天平窯）
佐賀県西松浦郡西有田町曲川黒川1601
☎0955-46-5304

●神崎 継春（みはる窯）
滋賀県甲賀郡信楽町長野
☎0748-82-0213

●高橋 弘子（HIROKO CLAY WORKS）
千葉県市川市柏井町1-1453-1-403
☎047-339-6663
http://www.hiroko-art.com

●はんてんや
東京都台東区浅草1-37-11
☎03-5827-0810

●藤井 敬之（ひろ窯）
岐阜県可児郡可児町久々利太平
☎0574-64-1216

＊参考文献／「改訂 調理用語辞典」（社団法人 全国調理師養成施設協会）

創作メニュー作り方読本

おうちで居酒屋 うまいもの祭り

編者 YYT project

発行者 池田 豊
印刷所 凸版印刷株式会社
製本所 凸版印刷株式会社
発行所 株式会社池田書店
東京都新宿区弁天町43番地（〒162-0851）
☎03-3267-6821㈹／振替00120-9-60072

Printed In Japan

ISBN4-262-12840-7

0200010